Début d'une série de documents
en couleur

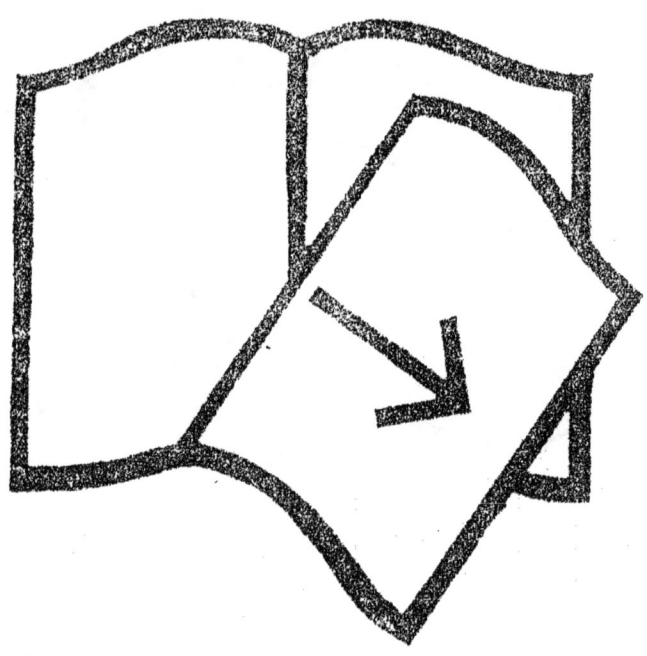
Couverture inférieure manquante

LES MANUSCRITS

DES

ANCIENNES MAISONS RELIGIEUSES

D'ALSACE

PAR

A.-M.-P. INGOLD

PARIS	COLMAR
ALPH. PICARD ET FILS	HENRI HUFFEL
RUE BONAPARTE, 82	PLACE NEUVE, 8

1898

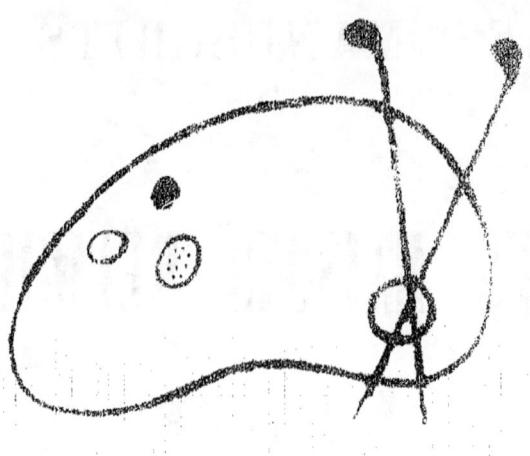

Fin d'une série de documents
en couleur

LES MANUSCRITS

DES

ANCIENNES MAISONS RELIGIEUSES

D'ALSACE

LES MANUSCRITS

DES

ANCIENNES MAISONS RELIGIEUSES

D'ALSACE

PAR

A.-M.-P. INGOLD

PARIS	COLMAR
ALPH. PICARD ET FILS	HENRI HUFFEL
RUE BONAPARTE, 82	PLACE NEUVE, 8

1898

AVANT-PROPOS

Nous avons le dessein de donner la liste sommaire, accompagnée çà et là de quelques renseignements, des manuscrits encore conservés aujourd'hui, principalement à la bibliothèque de Colmar, qui proviennent des anciennes abbayes et autres maisons religieuses, d'hommes et de femmes, de l'Alsace. Ce petit travail, bien que forcément incomplet, n'en sera pas moins, nous l'espérons, de quelque intérêt ; car ces manuscrits contiennent encore bien des choses non utilisées.

Nous nous sommes aidé, pour faire ces listes, des fiches de M. Stoffel, bibliothécaire de Colmar, mort en 1880, qui, lui-même, s'était servi, dans leur rédaction, d'un catalogue que M. Hugot, l'un de ses prédécesseurs, avait terminé en 1860 [1] et qui est aujourd'hui perdu.

Lors de son passage à Colmar, en 1846 [2], le futur cardinal Pitra avait, de son côté, rédigé une note sur un certain nombre de manuscrits de Colmar, note qui nous a aussi quelque peu servi [3].

---

1. Registre de correspondance de la bibliothèque de Colmar, p. 62.
2. Cf. les *Miscellanea alsatica*, III, p. 121.
3. Un certain nombre des notices qu'on va lire ont paru dans le *Bibliographe moderne* de mon excellent ami M. Stein ; mais elles ont été ici rectifiées en plusieurs endroits.

I.

CHAPITRES

1. CHAPITRE DE LA CATHÉDRALE DE STRASBOURG

Très anciennement l'illustre chapitre de Strasbourg a possédé une collection de livres, dont Wimpheling a donné une sorte de catalogue [1], et sur laquelle feu M. Schmidt a réuni d'intéressants renseignements [2].

Des précieux manuscrits qui la composaient, une partie fut acquise à la fin du xvie siècle par l'Académie protestante de Strasbourg, d'où ils passèrent à la bibliothèque de la ville, où ils furent détruits on sait comment [3].

D'autres, acquis à la même époque par Bongars, ont passé, avec la collection de ce dernier, à la bibliothèque de Berne, où, d'après Hagen [4], se trouvent encore les suivants :

87. *Libri Boetii de arte geometricae et arithmeticae*, xie s. 18 f. in-fol.

88. *Claudii Caesaris Arati phenomena*, xe s. In-fol.

128. *Orosii et Eusebii historiae*, xe s. In-fol., avec un *Fragmentum calendarii*, qu'on a détaché et catalogué sous le n° 108.

---

1. *Catalogus episcoporum Argentinensium*, 1651, p. 39-40.
2. Revue d'Alsace, 1876, p. 434, et p. 2 de la seconde édition de cet article, parue en allemand sous le titre de : *Zur Geschichte der ältesten Bibliotheken zu Strassburg*. Strasbourg, F. Bull, 1882.
3. Sur les trésors disparus dans l'odieuse catastrophe du 24 août 1870, cf. RATHGEBER, *Die handschriftlichen Schätze der früheren Strasburger Stadtbibliothek*. Gütersloch, 1870, in-8.
4. *Catalogus codicum Bernensium*, 1875.

169. Breve chronicon et capitula historiarum Orosii, ɪxᵉ s. 14 f. in-fol.

    Tous ces numéros portent l'inscription : *Werinharius episcopus dedit sanctae Mariae* [1].

264. Prudentii carmina, xᵉ s. In-4.

D'autres, enfin, restés à la cathédrale, passèrent au séminaire épiscopal, lors de son organisation, et furent catalogués en 1779 [2], pour disparaître également en 1870.

Quelques autres manuscrits du chapitre de Strasbourg ont échappé à la destruction également « en passant le Rhin », comme dit M. de Dartein, dans l'article qui sera cité. Ce sont :

WOLFENBUTTEL

Nécrologe ou livre d'anniversaires. — Parch., xɪᵉ s.

    Publié en 1854 dans les *Archiv des histor. Vereins der Unter-Franken*, t. XIII.

DONAUSCHINGEN (Bibl. Furstenberg)

Nécrologe et coutumier de Badolf. — Parch., xɪɪᵉ s.

    Sur ces deux manuscrits, cf. M. DE DARTEIN, *Badolf et Closener*, Revue Delsor, 1886, p. 383.

MELK (Abbaye de)

CLOSENER, *Directorium chori.* — Parch., xɪvᵉ s. 203 f. petit in-4.

Liber regulae. — Parch., xɪɪɪᵉ-xvɪᵉ s. 124 f. in-4.

    Une description détaillée de ces deux manuscrits a été donnée par M. Wiegand dans la *Zeitschrift f. G. der Oberrheins*, N. F., 1887, p. 99-110 [3].

---

1. A la bibliothèque laurentienne de Florence sont conservés un *Quintilien* et un *Cicéron*, provenant aussi du legs de l'évêque Wernher et apportés en Italie par le Pogge. Cf. SCHMIDT, *loc. cit.*, p. 439.

2. Le catalogue est conservé à Paris, à la Bibliothèque nationale, manuscrits latins, 17925. Il y a une cinquantaine de manuscrits.

3. Peut être faut-il ajouter à ces épaves de la bibliothèque du chapitre de Strasbourg quelques manuscrits qui ont appartenu aux évêques, comme les manuscrits 17 et 3285 A du F. latin, et 803 du F. français de la Nationale.

2. COLLÉGIALE DE SAINT-PIERRE-LE-JEUNE A STRASBOURG

SÉLESTADT

94 [1]. [Recueil]: *Institutionum canonicae Amalarii. — Isidori de tonsura.* — Parch., xie s. In-fol.

GRAND SÉMINAIRE DE STRASBOURG

Psalterium. — Parch., xive s. 230 f. in-fol.

Avec de très belles enluminures.

3. COLLÉGIALE DE SAINT-MARTIN A COLMAR

COLMAR

299 [2]. *Summa divi Thomae.* — Pap., xive s. 449 f. in-fol.

599. (*Registre des anniversaires*). — Parch., 1391-1531, 54 f. in-fol.

GRAND SÉMINAIRE DE STRASBOURG

[Recueil intitulé]: *De collegiali capitulo Colmariensi m. 1501.* — Parch., 1501, 68 p. in-fol.

Recueil de formules du chapitre ; chartes ; règlements.
Le catalogue de l'ancienne bibliothèque de la collégiale de Colmar, rédigé en 1558, est conservé aux archives départementales, carton V, 5. Je n'y remarque qu'une dizaine de livres sur parchemin.

4. COLLÉGIALE DE SAINT-THIÉBAUT A THANN

STRASBOURG (Bibl. de l'Université)

991. Ordo perpetuus der Kirche zu Thann. — Pap., 1448, 147 f. in-fol.

---

1. *Catalogue de la bibliothèque de Sélestadt*, p. 587.
2. Sauf avis contraire, les numéros qui précèdent ainsi les titres des manuscrits sont les cotes *actuelles* de ces manuscrits.

Le manuscrit coté 562 de la bibliothèque de Colmar n'est qu'un recueil de pièces du siècle dernier, relatives à un procès.

En 1697, le chapitre de Saint-Thiébaut de Thann vendit *des livres en parchemin* au libraire Haberer, de Zug, pour la somme de 348 l. tournois, 12 s. (Arch. départ. de Colmar, Stift Thann, carton 13, dernière liasse [1].)

5. CHANOINESSES NOBLES D'ANDLAU

Antiphonaire, précédé d'un calendrier-chronique. — Parch., xv° s.

D'après DEHARBE, *Sainte Richarde, son abbaye d'Andlau....* Paris, Renou, 1874, p. 169. L'auteur ne dit pas où se trouve le manuscrit.

Au Grand Séminaire de Strasbourg, très précieux *Nouveau Testament,* en grec. — Parch., xi° s. Petit in-12, n. f.

Donné au xvii° siècle, par l'abbesse d'Andlau, aux ésuites de Molsheim, et venu de là au Séminaire.

6. CHANOINESSES NOBLES DE MASSEVAUX

Le n° 550 de la bibliothèque de Colmar n'est qu'un recueil de pièces [2].

---

[1]. Le *Tomus miraculorum S. Theobaldi,* p. p. Stoffel (Colmar, Jung, 1875) a peut-être aussi appartenu autrefois au chapitre.

[2]. Mentionnons enfin le catalogue de la bibliothèque du chapitre de Saint-Thomas de Strasbourg, publié par Ch. Schmidt, 2° édition, p. 49. Cf. enfin l'appendice.

II.

MAISONS DE L'ORDRE DE SAINT-BENOIT

1. ALTDORF

STRASBOURG (Arch. départ.)

H. 4. Trens, *Notae historicae Altorfenses.* — Pap., 1748.

Cf. Satler, *K. Gesch. der Benèd.-Abtei Altdorf*, p. 6-7 ; et surtout Schulte, *Mitth. des Inst. f. oest. Gesch. Forsch.* 1883, IV, p. 209 à 213.

2. EBERSMUNSTER

PARIS (Bibl. nat.)

Chronicon Ebersheimense. — Pap., 24 f. in-fol., dans le trente et unième volume du *Monasticon benedictinum*.

Signalé par Pfister (Ann. de l'Est, V, p. 443) et p. p. Bresslau dans le *Neues Archiv*, XVIII, 309 à 317.

STRASBOURG (Bibl. de l'Université)

126 [1]. *Diarii Aprimonasteriensis compendiosa transcriptio.* — Pap., 1682, 49 f. in-8.

STRASBOURG (Arch. départ.)

H. 475. *Chronicon Ebersheimense.* — Pap., 1785.

Ibid. une seconde copie de cette chronique dont les divers manuscrits ont été étudiés par Bresslau dans le *Neues Archiv*.

---

1. Voir aussi les numéros 884 et 126. — Les numéros 546 et 547 de Colmar sont deux registres terriers d'Ebersmünster du xviie siècle.

3. MARMOUTIER

Sur la foi d'une tradition colmarienne, dont j'ai depuis reconnu le peu de fondement, j'ai regardé comme provenant de la célèbre abbaye fondée par saint Léobard, au vi^e siècle, les manuscrits qui se sont trouvés plus tard dans la collection de M. Maimbourg, curé de Colmar. En réalité, ces manuscrits, dont il sera encore question plus bas, venaient d'un peu partout.

Les seuls manuscrits provenant sûrement de Marmoutier que je connaisse sont à

STRASBOURG (Bibl. de l'Université)

16. Catalogus abbatum monasterii S. Martini in Maurmünster. — Pap., 1752, 355 p. in-fol.

> Contient, dit le catalogue de M. Barack (p. 130), une chronique du monastère de 555 à 1744.

STRASBOURG (Grand Séminaire)

Breviarium. — Parch., xive s., in-4, n. f.

VIENNE (Bibl. de la cour)

9099. Annales Maurimonasterienses. — Pap., xvie s.
Éditées par Boehmer et Pertz.

4. MURBACH

On possède, comme l'on sait [1], plusieurs anciens catalogues de la bibliothèque de Murbach : celui d'un certain abbé Igsher du

---

[1]. Cf. BECKER, *Catalogi antiqui*, Bonn, 1884; GOTTLIEB, *Ueber mittelalterliche Bibliotheken*, Berlin, 1890; [PELLECHET], *Catalogue des incunables de Colmar*, p. 6, où, dans l'*Avant-propos*, est reproduite une intéressante notice de Hugot sur la bibliothèque de Colmar. Hugot y parle d'un catalogue de Murbach, du ixe siècle, qui serait conservé à Genève. C'est une erreur que le savant bibliothécaire de Colmar a commise à la suite de Pertz (*Archiv der Gesellschaft für ältere d. Geschichtskunde...*, VII, 1839, p. 1018) : le fameux catalogue de Genève, bien que se trouvant à la suite d'un Bède qui a appar-

xiᵉ siècle [1]; celui de Barthélemy d'Andlau du xvᵉ, mais évidente reproduction d'un catalogue plus ancien [2], peut-être du précédent ; enfin celui que nous a donné Montfaucon [3].

Bon nombre de ces manuscrits ont disparu [4], ou du moins nous ne savons pas où ils sont conservés. Voici ceux qui ont passé, au moment de la suppression par la Révolution française de l'antique abbaye, à la bibliothèque de Colmar et dans quelques autres collections.

COLMAR

38. *Concordia evangeliorum*. Folios 1 à 172. — *Épitres de saint Paul*. F. 173 à 238. — Parchemin, viiiᵉ-ixᵉ siècles. 238 f. in-4.

Au f° 172 : *Morbac*, et au verso *Ratfridus*.

39. S. Isidore de Séville. — *Liber de ortu et obitu patrum*.

---

tenu à Murbach, est un catalogue de Reichenau, comme l'a démontré R. Beer, qui l'a publié dans les *Wiener Studien*, XIX, 1887, p. 160 et seq.
Le catalogue de Genève ne se rapporte pas à Murbach, la note de l'*Alsatia* de 1853, p. 301, sur un recueil de poésies allemandes carolingiennes, porte donc à faux.

1. C'est Roth (article cité plus bas) qui donne cette date, mais on ne voit sur quel fondement, comme le remarque R. Busch (*Centralblatt für Bibliothekswesen*, V, 1888, p. 365). De fait, il n'y a pas d'abbé de Murbach de ce nom (*Isgherus* ou *Isghterus*. — Il y a eu 1012 un *Helmeric*, en 1075 un *Ulricus*??).

2. Busch, article cité. — Roth, quoi qu'en dise Busch, a édité convenablement ce catalogue dans les *Strassburger Studien*, III Bd., p. 336, d'après un manuscrit de Darmstadt, et bien mieux que Matter (*Revue d'Alsace*, 1855, et *Lettres et pièces rares et inédites*, Paris, 1846, p. 40), dont la traduction (le texte original devait figurer dans une seconde édition de sa traduction du *Voyage de Ruinart* qui n'a jamais paru) est accompagnée de ridicules commentaires que Mossmann (*Murbach et Guebwiller*, p. 77) s'est empressé de reproduire en partie. Cf. Gatrio, *Die Abtei Murbach*, II, p 84. Le texte qui a servi à Matter est aux Archives départementales de Colmar, f. de Murbach, dans un cartulaire du xviᵉ siècle, p. 86 à 98. Malgré la publication de Roth, il serait encore intéressant à reproduire.

3. *Bibl. bibliothec. mss. nova*. Paris, 1739. Mentionnons pour mémoire ce que disent des manuscrits de Murbach Ruinart, *Iter liter.*, p. 469; Martène, *De ant. ritibus*, III, 303 ; Gerbert, *Iter alem.*, p. 368 ; Haenel, *Cat. libr. manusc.*, 1828; Migne, *Dict. des mss.*, I, p. 359..., etc.

4. Déjà anciennement, du reste ; ainsi le fameux *Velleius Paterculus* de Beatus Rhenanus que ne mentionne plus Montfaucon.

F. 1-60. — *Liber de mystica numerorum significatione.* F. 61-176. — Parch., viiie siècle. 180 f. in-fol. (Cat. de 1464).

> Le texte de ce second traité est beaucoup plus complet que celui qu'a publié Arevalo, tome VII, app. xxi de ses *Isidoriana*.

40. S. Grégoire. — *Pastorale.* — Parch., ixe s. 143 f. in-4 (Cat. de 1464 et Montfaucon).

> Au f° 145, v° : *Orate pro Domino Bartolomeo de Andolo abbate Morbacensi,* m cccc lx.

41. S. Jérôme. — *Libri questionum hebraicarum.* — Parch., xiiie s. 134 f. in-fol. (Cat. de 1464 et Montfaucon).

> Ad calcem : *Orate pro.... B. de Andolo.*

42. Lactance. — Papier, xve s. 191 f. in-fol. (Cat. Montfaucon).

> Au dernier f° : « *Comparatus p. R. Patr. Barth. de Andolo anno Dñi 1467.* »

43. [Recueil.] *Scripta super Decretum, Liber disputationum, Casus breves....* etc. — Pap., xve s. 192 f. in-fol.

> Au f° 141 : « *Scripta per manum Werheri de Moersperg* ¹ ;.... *1401.* »
> Au dernier f° : « *Orate pro.... B. de Andolo.* »

45. [Recueil de pièces privées et officielles, de diverses mains, de l'époque de l'abbé B. d'Andlau, dont quelques-unes fort importantes.]

> Plusieurs ont déjà été publiées. Citons : dans l'*Alsatia* de Stoeber, 1874, p. 221 et seq., par Julien Sée, *Kurze Colmarer Chronik* ² ; dans la *Westdeutsche Zeitschrift für G. und K.*, 1885, IV, p. 299 et seq., par Kerler, *Zur Geschichte des Geheimmittelwesens*, et par Haupt, *Ein zeitgenoss. Bericht über den Reichskrieg gegen Ludwig den Reichen, 1461,* p. 302 ³.

46. Buchler (Joh.). — *Scrutinium Scripturarum Pauli Burgensis.* — Pap., xve s. 270 f. in-fol. (Ruinart, Montfaucon, Gerbert).

> Au f° 260 : « *Finitus est iste liber per Johannem Buchler rectorem*

---

1. Qui fut étudiant à Heidelberg en 1400. Cf. Töpke, *Matrikel des Universitäts Heidelberg* (1888).
2. J. Sée dit par erreur ms. XV au lieu de XLV. — Cette chronique a été publiée de nouveau d'après un meilleur manuscrit par A. Bernoulli, *Die älteste deutsche Chronik von Colmar* (Colmar, 1888).
3. Potthast, qu'on n'est pas habitué à trouver en défaut, cite, dans sa der-

scolarum in Morbach anno Dñi M. CCCC. LXVI... *Materia aûtem hujus libri allata est per Hyspanos ad sacrum concilium Basiliense.*

47. S. Thomas d'Aquin. — *Prima sec. partis Summæ theolog.* — Pap., xve s. 253 f. in-fol.

On voit, f° 3, que ce livre a été obtenu par échange avec les dominicains de Guebwiller, en 1484.

48. [Recueil d'une douzaine de traités de théologie, philosophie.... Boèce, Sénèque.... etc.]. — Pap., xve s. 406 f. in-fol.

Au f° 120 v° : « *Reportata sunt hec in famosa civitate Boluir ubi viget studium latinorum et judeorum per manum fratris Jacobi de Ungaria ad instanciam Reverendi P. D. Bartholomei de Andolo....* »

49. Nider. — *Præceptorium.* — Pap., xve s. 327 p. in-fol. (Montfaucon).

51. *Scripta alme universitatis studii Viennensis super negotio neutralitatis et aliis materiis super factis concilii Basiliensis per Mgr Narcissum sacre theologie professorem.* — A la suite, recueil de divers traités relatifs aux conciles de Bâle et de Lausanne. A la fin un *Liber meteorum.* — Pap., xve s. 272 f. in-4 (Montfaucon? Gerbert?).

Au f° 66 : « *Legentes orant pro B. de Andolo.... qui hunc partim scripsit, partim comparavit librum 1452.* »

52. [Recueil] : *Liber.... de fide. — Liber de septem Ecclesie sacramentis.... etc.* — Pap., xve s. 180 f. in-4 (Montfaucon).

53. [Recueil] : *Sophilogium. — Tract. de tribus partibus poenitentiae. — Liber de gestis et translatione trium regum.* — Pap., xve s. 204 f. in-4 (Montfaucon).

54. *Decretales, Casus summorum decretorum....* — Pap., xve s. 163 f. in-4 (Montfaucon).

---

nière édition, des *Annales Murbacenses* qui auraient été publiées d'après ce ms. 45 par Th. de Liebenau, dans l'*Anzeiger für schweizerische Geschichte*, IV, Zurich (c'est Soleure qu'il faut lire), 1875 (c'est 1883), p. 167. Or Liebenau ne cite pas du tout notre ms. 45 et n'en cite aucun. Potthast a mal compris la note de Wattenbach qu'il indique comme référence.

Sur les Annales de Murbach, cf. Pertz, *Scriptores*, I, p. 19 et seq.

Sur ce manuscrit 45, cf. aussi Reuss, *De scriptoribus rerum alsaticarum historicis*, Strasbourg, 1898, p. 234.

55. [Recueil] : *La légende des trois Rois* (allemand). — *Le Lucidarius.* — *Les sept sages.* — *Légende de saint Antoine.* — Pap., xiv° s. 232 f. in-8.

56. [Recueil] : *Tractatus de corporum complexionibus.* — *Ars memorandi.* — *Cato....* — *Petrarchae translatio de patiencia Criseidis marchionisse Saluciarum....* etc. — Pap., xv° s. 161 p. in-8 (Montfaucon ?).

129 et 130. Biblia sacra. — Parch., xii° s. 276 et 242 f. in-fol.

> Sur le premier feuillet de garde du premier volume de cette Bible, se trouve une sorte de *Chronique de Murbach* qui paraît être comme une suite de la *Notitia fundationis et primorum abbatum Murbacensis abbatiae*, publiée par Grandidier, dans son *Histoire d'Alsace*, II, p. 74 et seq.
> Cette chronique, qui commence ainsi : *Hy sunt abbates monasterii Morbacensis ab anno Dñi* m° cc° xl°, mériterait d'être publiée.

228. [Recueil en partie imprimé.] *Prologus Hieronymi in librum de viris illustribus.* — *Epistola Eusebii.... de morte Hieronymi.* — *Epist. Augustini de magnificentia B. Hieron. in visione sibi ostensa.* — *Epist. G. de Boedensele.... de descriptione Terre Sancte.* — Pap., xv° s. 110 et 30 f. 1 in-fol.

229. [Recueil] : *Graduale.* — *De tempore historie* (légendes des saints). — Pap., xv° s. 307 f. in-4.

294. Breviarium ad usum abb. Murbacensis. — Parch., xvi° s. 332 p. in-4.

321. [Recueil] : *Manuale J. de Voragine.* — *Tract. div. Chrysostomi.* — *Tract. div. Bernardi.* — *De arte bene vivendi....* — Pap., xvi° s. 193 f. in-4.

340. Psalterium et hymnarium abbatiae Murbacensis. — Parch., xv° s. 188 f. in-fol.

420. Pontificale. — Parch., xiv° s. 112 f. in-8.

421. Breviarium O. S. B. ad usum abbatie Murbacensis. — Parch., xv° s. 357 f. in-4.

> Utilisé par D. Pitra, *Hist. de S. Léger*, p. 519.

---

1. Pour les parties manuscrites.

427. Graduale (noté). — Parch., xve s. 187 f. in-fol.

428. Psalterium et hymnarium.... — Parch., xve s. 166 f. in-fol.

429. Graduale et missale.... (noté). — Parch., xiiie s. 179 f. in-fol.

> Utilisé par le P. Lambillotte, D. Pitra (*op. cit.*, p. 512) et les Bénédictins de Solesmes (pl. 126), qui l'attribuent par erreur à Pairis.
>
> Au f° 171, acte de confraternité avec Luxeuil, de 1234, publié par PFANNENSCHMID, *Zeitschrift für die Geschichte des Oberrheins*, N. Folge, IX (1892), p. 175.

430. Breviarium.... Pars aestiva. — Parch., xiiie s. 487 f. in-4.

> Utilisé par D. Pitra, p. 512.

432. Psalterium et hymnarium.... — Parch., xive s. 304 f. in-8.

443. Missale.... — Parch., xiiie s. 268 f. in-4.

> Au f° 3 : Récit de la consécration d'un autel *in castro S. Amarini*. La planche 114 de la *Paléographie musicale* des Bénédictins de Solesmes est la reproduction d'une page de ce manuscrit.

444. Missale.... — Parch., xiiie s. 268 f. in-4.

> Utilisé par D. Pitra, *op. cit.*, p. 506.

555. B. DE FERRETTE. — *Protocollum praenob. capituli Murbacensis a.... 1704 ad ann. 1708.* — Pap., xviiie s. 282 p. in-fol.

556. B. DE FERRETTE. — *Diarium de Murbach.* — Pap., xviiie s. 618 p. in-fol.

> Le *Diarium* (traduit et publié par mon frère et par moi) va de la page 1 à la page 366. Puis : p. 367-369 *(Series) metrica principum et abb. Murbacensium*; — p. 449-455, *Chronique de l'abbaye* (en allemand); — p. 517-522, *Registre des serviteurs....* (en allemand); — p. 567-584, *Spécification de l'état de santé du prince-abbé* (Beroldingen) *et du sien*. Le reste est composé de pages blanches.

BESANÇON

184. ISIDORE DE SÉVILLE, *De natura rerum*, avec un lectionnaire. — Parch., viiie s.

833. HÉGÉSIPPE. — Parch., ixe s.

> Cf. DELISLE, *Journal des savants*, 1897, p. 531.

ÉPINAL

68 [Recueil] : *Epistolae* S. Hieronymi. — *De monacho peregrino....* — Parch., viii⁰ s., in-fol.

> Publié en partie par D. Morin, *Anecdota Maredsolana*, III, pars I. — Cf. la *Notice sur un manuscrit mérovingien de la bibliothèque d'Épinal*, Paris, 1878, de M. L. Delisle.

78 [Recueil] : Hieronymus *in Ecclesiastem*. — Origenes *in Cant. cantic.* — Apponius *super ejusdem.* — Parch., x⁰ s., in-fol.

> L'un et l'autre de ces manuscrits porte la formule *Orate pro R. P. Bartolomeo....*

GENÈVE

21 (du catalogue Senebier). Bède, *Commentaire sur les Actes des Apôtres, l'Apocalypse....* — Parch., viii⁰ s. [1]. In-fol. (Cat. de 1464).

> C'est dans ce manuscrit que se trouve, sur les deux derniers feuillets, le catalogue de livres dont nous avons parlé.

OXFORD

193 (du catalogue de la *Bodleiana*). *Hymnes.* — Parch., ix⁰ s. 193 f. in-8.

> Publié par Sievers, *Die Murbacher Hymnen*, Halle, 1874 (avec 2 fac-similés). Cf. Gatrio, *Die Abtei Murbach*, I, p. 131 ; Burn, *The Athanasian creed*, p. lviii.

MUNICH

Le célèbre codex des *Meistersinger de Colmar* paraît avoir appartenu à Murbach. Cf. Goedeke, *Grundriss*, I, p. 228.

STRASBOURG (Bibl. de l'Université)

168. Zimberlin, *Monumenta Murbacensia collecta.* — Pap., 1853, 185 et 72 p. in-fol.

---

1. Senebier n'indique pas le nombre de feuillets.

COLLECTION MAIMBOURG

La collection Maimbourg que, sur la foi d'une tradition colmarienne, — dont l'inexactitude me paraît maintenant évidente [1], — je regardais comme composée de manuscrits provenant de Marmoutier [2], possédait au moins deux manuscrits de Murbach. Ce sont : *Codices latini*, les deux S. Cyprien (Cat. de 1464 ; Catalogue Duprat, p. 21, n°s 138 et 139).

La *Chronica* de Mart. Polonus (Cat. Duprat, p. 20, n° 132) est peut-être aussi celle dont Montfaucon signale l'existence à Murbach.

5. MUNSTER

L'abbaye impériale de Munster ou du Val-Saint-Grégoire, plus ancienne encore que Murbach bien que moins célèbre, eut son développement interrompu par le protestantisme qui réussit presque à la faire disparaître entièrement. Elle ne reprit un peu d'éclat qu'au xviie siècle, à partir de son union à la congrégation de Saint-Vanne et de Saint-Hydulphe, à laquelle elle doit l'honneur d'avoir eu pour sous-prieur l'illustre Dom Calmet.

Nous n'avons aucune liste ancienne des manuscrits de Munster [3], mais seulement deux catalogues des ouvrages imprimés de la bibliothèque de l'abbaye, l'un de 1665 [4], l'autre, comme on le verra plus bas, bien plus récent.

Voici ceux des manuscrits de Munster que nous avons retrouvés.

COLMAR

50. [*Traité historique et moral sur la nécessité et sur les moyens de réformer son temps, adressé par un anonyme à l'empereur Maximilien Ier.*] — Pap., xve s. 203 ff. in-fol.

---

1. Outre ces deux ou trois manuscrits de Murbach, le 11e venait d'Unterlinden et peut-être aussi le 7e.
2. Cf. dans le *Bibliographe moderne*, I, p. 85.
3. Cf. ce que dit D. Martène, *Iter litterarium*, p. 465.
4. Conservé aux Archives départementales de Colmar, fonds de Munster, carton 35. Ce catalogue, de 14 ff. in-fol., contient un millier de livres.

Très curieux manuscrit allemand, dont Haupt a tiré son étude intitulée : *Ein oberrheinischer Revolutionär aus dem Zeitalter Maximilian's I*, parue dans la *Westdeutsche Zeitschrift für Geschichte und Kunst*, VIII, 1893, et en tirage à part, in-8 de 144 p. Cf. aussi *Zeitschrift für deutsche Philologie*, XXIX, p. 109; et *Litterarischer Centralblatt*, 1894, n° 53.

121. (*Recueil de vies de Saints.*) — Parch., xiie s., 152 ff. in-fol.

Très belles initiales.

122. [Recueil.] *Regula S. Benedicti.* — *Martyrologe d'Usuard.* — Parch., xiiie s., 117 ff. in-fol.

Sur les f. 113 v° à 117, censier de Turckheim.

Remarqué en 1696 par Dom Ruinart (*Iter in Alsatia et Lotharingia*, p. 467), qui observe au martyrologe l'attribution à saint Nicetius de Trèves du *Te Deum*. Ce passage se trouve au fol. 94.

127. Fasciculus myrrhaeus orationum selectarum ex variis libris.... collectus a me M. Joa. Greg. Newkam.... — Pap., xviiie s., 220 ff. in-12.

282. Manuale precum privilegiatarum. — Parch., xive s., 107 ff. in-16.

331. Directorium O. S. B. — Parch., xive s. (?). 140 ff. in-4.

Dans la liste des fêtes, fol. 157, est indiquée une *Translatio ad nos Sanguinis Domini*.

377. Breviarium ord. Cisterc. — Parch., xiiie s., 201 ff. in-8.

408. Missale monasticum. — Parch., xve s., 177 ff. in-fol.

409. Missale monasticum (noté). — Parch., xiiie s., 165 ff. in-4.

Au fol. 44 v°, fragment de censier de l'abbaye.

La *Paléographie musicale* de Solesmes reproduit, pl. 126 B, une page de ce missel.

413. Rituale monasticum O. S. B. — Parch., xive s., 61 ff. in-8.

Noté.

451. Antiphonarius minor secundum chorum monasterii O. S. B. vallis S. Gregorii. — Pap., xvie s., 276 ff. in-4.

Noté.

473. Responsoriale. — Parch., xiiie s., 29 f. in-4.

Noté.

551. Dom Calmet. — *Histoire de l'abbaye de Munster, 1704.* — Pap., xviiie s., 376 p. in-4.

> Copie de M. Mossmann d'après un manuscrit provenant de Marmoutier et portant des corrections qui paraissent être de la main de Dom Calmet. M. Dinago a publié cette *Histoire* (Colmar, 1882, in-8 de 255 p.), d'après un manuscrit de la bibliothèque de Saint-Dié. Il y en a une 3e copie à la bibliothèque de l'université de Strasbourg, n° 24.

552. Catalogus alphabeticus authorum quorum opera extant in hac imperialis abbatiae S. Gregorii Monasteriensis bibliotheca. — Pap., xviiie s., 259 p. in-fol.

> A cette date la bibliothèque, qui passait pour la plus riche de la Haute-Alsace, contenait 17,360 volumes, dont la plupart sont conservés aujourd'hui à Colmar [1].

553. (C'est une copie moderne des censiers qui se trouvent, comme nous l'avons dit, dans les manuscrits 122 et 409.)

Aux *Archives départementales de Colmar*, est conservé, fonds de Munster, carton III, le :

Journalier de Dom de l'Escale [2], qui est un véritable manuscrit. — Pap., xviie s., in-4.

LYON

67. [3] *Catalogus pontificum romanorum, imperatorum et regum francorum.* — Parch., xiie s., 5 f. in-4.

> *Auctore monacho S. Gregorii*, dit Waitz (d'après le fol. 33), qui l'a publié dans les *Monumenta Germaniae*, Scriptores, XXIV, p. 85.

GRAND SÉMINAIRE DE STRASBOURG

[Recueil.] *Tables paschales de Denys.* — *Obituaire de l'abbaye.*

---

1. Cf. [Pellechet], *Catalogue des incunables de Colmar*, p. 7.
2. Cf. mes *Bénédictins de Munster en Alsace et la question de l'auteur de l'Imitation*, p. 6.
3. *Inter Voss. Lat. n° 67*, disent les *Monumenta*.

— *Beda, de natura rerum.* — *Notes chronologiques.* — *Calendrier.* — Parch., x⁰-xii⁰ s., 63 f. in-fol.

En marge du Cycle dionysien se trouvent les notes que Martène (*Anecdot.*, III, p. 1435), Grandidier (*Hist. de l'église de Strasbourg*, II, p. xxi, et *Histoire d'Alsace*, II, p. lxxxii), et d'après ces deux auteurs, Pertz (*Monumenta Germaniae*, SS., III, 152) ont successivement publiées sous le titre d'*Annales Monasterienses.* — Sur ce très curieux manuscrit, don de Mgr Raess, cf. Wiegand, *Aeltere Archivalien der Abtei Münster im Elsass*, p. 79 des *Mittheilungen Instituts für österreichische Geschichtsforschung*, X, Heft 1. — M. Pfister (*Le duché mérovingien*, p. 13, note 5) se trompe en plaçant ce manuscrit aux archives de la Haute-Alsace qui n'ont point acheté, comme il dit, la collection de Mgr Raess, mais l'ont reçue en don de ses héritiers.

6. SAINTE-FOI DE SÉLESTADT

BIBLIOTHÈQUE DE SÉLESTADT

95.[1] *De passione et miraculis sancte Fidis.* — Parch., xii⁰ s., in-fol.

Ce manuscrit vient d'être publié par M. l'abbé Bouillet, dans la *Collection de textes pour servir à l'étude et à l'enseignement de l'histoire* (Paris, Picard, in-8 de xxxvi-291 p.). Sur une feuille de parchemin ajoutée à ce manuscrit se trouve le catalogue de la bibliothèque de Sainte-Foi fait en 1296. M. l'abbé Gény l'a publié dans son étude : *Die Stadtbibliothek zu Schlettstadt* (1889, in-8), p. 4-8.

128. *Sermones varii et excerpta Patrum.* — Parch., xii⁰ s., in-18.

132. [Recueil.] *Lectiones in Evangelia.* — *Inquisitio S. Betoni de penitentiali criminalium peccatorum.* — *De remediis peccatorum.* — Parch., xii⁰ s., in-12.

PARIS (Bibliothèque nationale)

259 (du fonds latin). *IV Evangelia latina.* — Parch., ix⁰ s., 143 f. in-4.

---

1. Numéros du catalogue imprimé.

Sur le plat : *Iste liber pertinet ecclesie Ste Fidis in Sletzstat.* — C'est sans doute le n° 10 du Catalogue de 1296.

7. SAINT-MORAND (Prieuré clunisien)

ARCHIVES DÉPARTEMENTALES DE COLMAR

Dom Granter. — *Miracula S. Morandi.* — Pap., xve s., 6 p. in-4.

> Cf. mes *Miscellanea alsatica*, I, p. 10, où sont mentionnés les auteurs qui ont utilisé ce manuscrit.

8. SAINT-ULRICH (Prieuré clunisien)

M. l'abbé Fues (*Die Pfarrgemeinden des Cantons Hirsingen*, p. 200, note 1) mentionne une chronique manuscrite, *De monasterio S. Ulrici supra Largam*, que possédait, dit-il, M. Zimberlin. J'ignore ce qu'elle est devenue.

9. THIERENBACH (Prieuré clunisien)

COLMAR

322. Liber meditationum et orationum devotarum qui anthidotarius anime dicitur. — Pap., xvie s., 164 f. in-16.

> A la suite un recueil, non paginé, de prières liturgiques et autres, dont plusieurs avec notes.

327. Le commerce dangereux entre les deux sexes, traité moral et istorique (sic). — Pap., xviiie s., 76 f. in-12.

> Sur le titre : « F. Guillaume Emonin, religieux bénédictin à Thierbach en 1760 », qui est peut-être l'auteur de ce traité, à la suite duquel se trouve un recueil de pensées, et, au fol. 31 v°, le fameux sermon : *Sicut unguentum*....

371. Præfatio ad universam philosophiam. — Pap., xviie s., 254 f. in-4.

> Sur le plat : *In monasterio S. Vitoni 1669. — E bibliotheca pr. B. M. Thierbacensis 1743.*

400. Missale Cluniacense *O. S. B.* — Parch., xiv² s., 118 f. in-8.

> Sur le plat : *Liber gloriosissime Virginis genitricis Dei Marie in Thierenbach.*

Aux *Archives départementales*, fonds Thierenbach, carton D, 1-3, les *Mémoires historiques de Dom Devillers.* — Pap., xviii² s., 80 p. n. n., in-fol.

III.

ORDRE DE CITEAUX

1. LUCELLE

L'abbaye cistercienne de Lucelle, située sur la limite même de la Haute-Alsace et de la Suisse — qui passait, dit-on, par la cuisine du monastère, — remonte à l'époque de saint Bernard, si elle n'a été fondée par lui. Elle disparut au moment de la Révolution. Mais en 1699 déjà un incendie avait détruit, avec toute l'abbaye, la bibliothèque. Reconstituée par le quarante-cinquième abbé, Gr. Girardin, qui acheta près de 12,000 volumes, elle s'augmenta de diverses anciennes épaves pour passer, à la Révolution [1], en majeure partie à la bibliothèque de Colmar, et à celle de Porrentruy.

Sont encore conservés aujourd'hui les manuscrits suivants :

BALE (Bibl. de l'Université)

WALCH. — *Miscellanea Luciscellensia.* — Pap., 1749 et 1753, 2 in-fol. de 5 feuillets non numérotés, 546 p., 27 ffnn. et 2 ffnn, 430, 8 ffnn.

> Avec des portraits, plans, dessins de toutes sortes. Manuscrit extrêmement précieux.

WALCH. — *Apophasis Luciscellensis* ou *Recueil des droits, revenus et charges de l'abbaye....* — Pap., 1759, in-fol. de 4 ffnn., 434 et 6 ffnn.

---

1. La notice sur la bibliothèque de Colmar publiée en tête du *Catalogue des incunables*, p. 7, dit que la bibliothèque de Lucelle fut vendue en bloc à des marchands de Bâle : c'est, je crois, une erreur, vu la quantité de livres encore aujourd'hui conservés à Colmar, tous avec l'ex-libris de Lucelle.

COLMAR 1

286. Weingart (Melch.) professi Lucellensis sermones. — Pap., xviiᵉ s., 241 f. in-16.

287. Quid est cathechismus. — Pap., xviᵉ s., 233 f. in-12.

288. Sermones Albertini. — Parch., xiiiᵉ s., 52 f. in-4.

289. Dornberg (Th.). — *Compendium theologiae veritatis.* — Parch., xiiiᵉ s., 130 f. in-12.

> C'est le compendium communément attribué à saint Bonaventure et par d'autres à Hugues de Strasbourg.

291. Bernardi sermones et commentarii in Mattheum. — Parch., xii-xiiiᵉ s., 117 f. in-4.

292. Privilegia ordinis Cisterciensis. — Parch., xivᵉ s., 156 f. in-4.

> Provenant de Bebenhausen.

293. [Recueil.] Virgilii Bucolica. — Statius. — A. Prudentii Psicomachia. — Pap., xviᵉ s., 290 f. in-fol.

296. [Recueil.] Acta capituli generalis 1584. — Acta visitationis. — Formae seu extractus literarum D. Hanseri abbatis. — Forma commeatus seu viatici publici. — Pap., xviᵉ s., 186 f. in-fol.

333. Sermones terribiles (titre ajouté sur le plat). — Pap., xviᵉ s., n. f., gros in-4.

391. Usus ordinis Cisterciensis. — Parch., xvᵉ s., 49 f. in-12.

> Avec l'ex-libris gravé de Lucelle, que portent presque tous ces manuscrits. — Provenait d'Olsperg d'après une note.

FAVEROIS (Archives de l'église de)

Walch. — *Chronicon de abbatibus Lucellensibus et rebus memorabilibus sub iis gestis usque 1445.* — Pap., xviiiᵉ s., in-fol. de 418 p.

---

1. Le n° 548 de la bibliothèque de Colmar est un terrier du xviiiᵉ siècle.

PORRENTRUY [1]

Walch (B.). — *Catalogue nécrologique des principaux personnages de l'abbaye de Lucelle*. — Pap., xviie s., in-fol.

Recueil de privilèges, chartes et titres de la même abbaye. — Pap., xviie s., in-fol.

Buchinger. — *Diarium de Lucelle* (1655-1657). — Cf. *Revue catholique de l'Alsace*, 1863, p. 441-448.

STRASBOURG (Bibl. de l'Université)

172. Walch. — *Miscellanea Luciscellensia*. — Extraits de ce manuscrit faits par l'abbé Zimberlin. — Pap., xixe s., 52 f. in-4.

2. NEUBOURG

Moreau (P. Marcellus). — *Epitome fastorum Neo-Castrensium seu brevis historia abbatiae de Novo-Castro....* Pap., 49 p. in-4 (1775).

> Manuscrit de ma collection. M. l'abbé Vautrey l'a traduit et publié dans la *Revue d'Alsace*, 1860, p. 42 et 65, d'après une autre copie ou l'original.

3. PAIRIS

Filiale de Lucelle, l'abbaye de Pairis, fondée en 1138 par un comte d'Eguisheim, eut dès le début une grande célébrité à cause de son quatrième abbé, Martin Litz, qui assista à la prise de Constantinople après avoir prêché la quatrième croisade. Ruinée au xve siècle et déchue en prieuré dépendant de Maulbronn, l'abbaye fut fondée une seconde fois par Lucelle, au commencement du xviie siècle, et dura jusqu'à la Révolution [2].

---

1. D'après Trouillat, *Rapport sur la bibliothèque de Porrentruy*, 1849, p. 74.
2. M. Bernoulli a publié dans le *Neues Archiv*, VIII, p. 616-621, des *Annales Parisienses* découvertes par lui dans le manuscrit E VI 26 de la bibliothèque de Bâle, fol. 179. Cf. aussi *Basler Chroniken*, IV, p. 376.

Un incendie, qui détruisit l'abbaye en 1753, à l'époque où l'on en entreprenait la reconstruction, anéantit probablement la plupart des livres et des manuscrits de la bibliothèque. Voici ceux de ces derniers que l'on conserve encore aujourd'hui :

COLMAR

101. Compendium ordinis Cisterciensis. — Pap., xv° s., 103 f. in-fol.

102. [Recueil.] Commentaire sur le Cantique. — Commentaire sur saint Denys. — Parch., xiv° s., 166 f. in-4.

103. [Recueil.] SAINT BONAVENTURE, *Lignum vitae.* — *De arte predicandi.* — *Itinerarium* — *Incendium amoris....* Quelques sermons de saint Augustin, de saint Anselme.... etc.... — Pap., xvi° s., 357 f. in-4.

Utilisé par le P. F. de Fanna pour l'édition de saint Bonaventure.

104. [Recueil.] *Martyrologium Usuardi.* — *Regula S. Benedicti* (en latin, puis en allemand). — Parch., xiv° s., 175 f. in-4.

Sur le feuillet de garde de la fin, liste des onze premiers abbés de Pairis.

105. [Recueil analogue.] — Parch., xiv° s., 188 f. in-4.

106. B. GREGORIUS PAPA. — *Excerpta ex moralibus.* — Pap., 1515, 310 f. in-12.

107. Evangeliaire. — Parch., xii° s., 93 f. in-fol.

Conjecturé de Pairis à cause de la reliure.

108. Tractatus theologicus. — Parch., xv° s., 171 f. in-4.

300. [Recueil.] *Collectorium.* — *Kalendarium et obituarium.* — *Officium defunctorum* (noté). — Parch., xv° s., 123 f. in-fol.

Très belles initiales. — Le calendrier mentionne les douze premiers abbés.

314-315. Antiphonarium (noté). — Parch., xv° s., 162 et 167 f. in-fol.

Sur le plat du 2° volume, note de 1552 sur l'entrée des Français à Metz.

318. Antiphonarium (noté). — Parch., 1475, 310 f. in-fol.

Dans une lettre du fol. 7, nom du miniaturiste *Rucinus.*

352. Psalterium ad usum Ord. Cist. — Parch., xiii° s., 131 f. in-4.

Très curieuses initiales.

406. Missale abb. Parisiensis (noté). — Parch., xv° s., 151 f. in-fol.

Très belles initiales. — Utilisé par le P. Lambillotte.

422. Ordo Cisterciensis. — Pap., xv° s., 157 f. in-12.

Provenait de Bebenhausen.

442. Hymnarium et processionale (noté). — Parch., xii° s., 96 f. in-4.

445. Missale O. S. B. (noté). — Parch., xiii° s., 134 f. in-fol.

Utilisé par le P. Lambillotte et les auteurs de la *Paléographie musicale*, qui en reproduisent une page, planche 144 A.

Aux fol. 130 v° et 131, règles de chant suivies du monogramme *Bertolfus* :

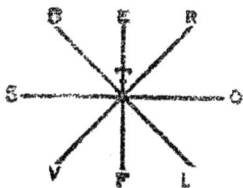

456. [Recueil en partie imprimé.] *Problemata Aristotelis.* — 3. *De magistris quaestiones* (imprimé). — Pap., xvi° s., 150 f. in-fol. (pour le manuscrit).

Sur la première page : *B. Mariae de Paris ex dono Alspachi.*

457. [Recueil.] *Liber Belial,* 1472 (impr.). — *Ordo judiciarius.* — *Vocabularius juris civilis.* — Pap., 1472, 126 f. in-fol. (pour le manuscrit).

492. Biblia latina. — Parch., xv° s., 419 f. in-4.

Très beau manuscrit provenant de Maulbronn [1].

144 (de la collection Chauffour). *Liber poeseos seu potius spe-*

---

[1]. Le n° 557 de la bibliothèque de Colmar n'est point un manuscrit, mais un renouvellement de biens de 1560.

culum vitae christianae, a F. Emporte. — Pap., 1726, 68 f. in-fol.

Cf. le catalogue Chauffour, p. 187.

COLMAR (Archives départementales)

Dans le carton I, 3-12, le n° 10 est un manuscrit autographe de Buchinger :

Tabulae mortuorum Parisiensium complectentes nomina, memorias et anniversaria fratrum, familiarium et benefactorum nostrorum.... a F. B.... conscriptae et congestae. MDCL. — Pap., in-4 de 190 f.

A partir de la page 79, cartulaire, etc.

M. Rathgeber a publié (*Revue d'Alsace*, 1874, et dans son volume *Die Herschaft Rappolstein*, in-4, p. 48) divers documents extraits de ce manuscrit, mais d'après les copies de Billing.

IV.

CHARTREUSE DE STRASBOURG-MOLSHEIM

Après la bibliothèque des Johannites, dont il sera question plus bas, celle des Chartreux de Strasbourg était la plus considérable de cette ville. A l'époque du protestantisme elle fut un moment réunie à la bibliothèque de l'Académie luthérienne, et à ce moment en fut dressé le catalogue, qui indique 365 manuscrits.

Ce catalogue a été publié par M. C. Schmidt, dans son travail intitulé : *Zur Geschichte der ältesten Bibliotheken.... zu Strassburg* (Strasbourg, 1882, in-8), pages 51 à 67.

Plus tard, ces livres furent restitués aux Chartreux, qui avaient transporté leurs pénates à Molsheim. Dom Ruinart admira leur bibliothèque *in loco apte disposito sita* [1]. Voici ce qu'en dit Grandidier [2] : « .... la bibliothèque qui renferme plus de 400 manuscrits intéressants mais qui ne sont presque pas connus. On peut y remarquer entre autres les ouvrages du fameux Ludolphe de Saxe, écrits de sa propre main; un traité de saint Prosper qui a plus de 800 ans; le recueil original des vers de Herrade, abbesse de Hohenbourg [3]; des actes manuscrits du concile de Bâle; les quatre livres de l'Imitation de Jésus-Christ, écrits en 1474, mais sans nom d'auteur [4], etc.... »

La Révolution ramena cette bibliothèque à Strasbourg. « Il

---

1. *Iter litterarium*, p. 449.
2. *Œuvres inédites*, VI, p. 92.
3. Le célèbre *Hortus deliciarum*.
4. Cf. mes *Miscellanea alsatica*, III, p. 148.

est inutile de dire qu'aucun des livres de la Chartreuse de Strasbourg n'existe plus, » ajoute tristement M. Ch. Schmidt [1]. Quelques-uns cependant, qui tiennent peut-être plus des archives que de la bibliothèque, sont encore aujourd'hui conservés à la Chartreuse de Bosserville en Lorraine, héritière à certains égards de la Chartreuse de Molsheim. Ce sont les

Annales manuscrites de la maison, rédigées par Dom Pierre Horst, quatorzième prieur de Molsheim († 1716), en plusieurs volumes in-fol.

Il y a aussi à la bibliothèque d'*Orléans*, manuscrit 486, une *Histoire abrégée de la Chartreuse de Strasbourg*, p., 164 pages [2].

---

1. Dans la première édition (en français) de son étude, parue dans la *Revue d'Alsace*, 1877, p. 62.
2. Cf. mes *Chartreux en Alsace*, p. 11, note 5. — Mentionnons aussi le n° 179 du catalogue des manuscrits de la bibliothèque de l'Université de Strasbourg : *Archivum sacristiae....* — Pap., 1650-1714, 691 p. in-4.

V.

JOHANNITES

La bibliothèque de Saint-Jean de Strasbourg [1] était probablement la plus belle et la plus riche de toute l'Alsace. Le catalogue des manuscrits et celui des imprimés ont été l'un et l'autre publiés au siècle dernier : le premier par Witter, Strasbourg, 1746; le second par Weislinger, en 1749, sous le titre d'*Armamentarium*. De cette magnifique collection il ne reste que quelques épaves, sur lesquelles on pourra consulter Ch. Schmidt [2].

Les autres commanderies alsaciennes paraissent avoir été peu riches en livres et en manuscrits. Nous avons à

COLMAR

446-447. *Breviarium ad usum FF. Hosp. S. Johannis* (noté). — Parch., xive s., 2 in-fol. de 291 et 230 ff.

De la commanderie de Colmar, probablement.

564. *Livre de raison de Stadel de Fontenelle, avocat, bailli, administrateur des revenus de Saint-Jean de Colmar.* — Pap., 1748, in-4, non paginé.

714. *Liber vitae domus Selestadiensis.* — Pap., 1486, 60 ff. in-fol.

---

1. Sur cette maison, cf. la *Succincta.... Notitia* de J. Schweighäuser, manuscrit 568 de la bibliothèque de Colmar, 38 de la collection Chauffour, et 273, 740 et 741 de celle de l'Université de Strasbourg et le manuscrit de Goetzmann, *ibid.*, n° 96.

2. Op. cit., p. 15 et seq., ou *Revue d'Alsace*, 1876, p. 452.

Ce précieux manuscrit contient, outre l'obituaire (fol. 1-39), un inventaire des biens et meubles de la maison où figure (fol. 51-53), le catalogue de la bibliothèque. (Communiqué à Gotlieb, en 1890.)

SÉLESTADT

98. [Recueil.] *Summa Rogerii.* — *Parva Cyrurgia mgr. Brunii.* — *Boetius de consolatione.* — Parch., xii-xvi⁰ s., in-4.

Cf. le catalogue imprimé, p. 549; et GÉNY, op. cit., p. 8.

STRASBOURG (Bibl. de l'Université).

Acta monasterii S. Joannis intra Argentinam. 1770. — Pap., xviii⁰ s., 107 ff. in-fol. (N⁰ 91 du catalogue Barack).

VI.

ORDRE DE SAINT-AUGUSTIN

1. CHANOINES RÉGULIERS DE SAINT-AUGUSTIN

MARBACH

Fondé en 1090, comme le rapportent les *Annales argentinenses*, le monastère de Marbach eut dès le début une grande illustration, grâce au célèbre Manegold, son premier prévôt régulier. Les constitutions de Marbach furent adoptées non seulement dans plusieurs monastères d'Alsace, mais en Allemagne et en Suisse. Plus tard, Marbach fit partie de la congrégation de Windesheim. La Révolution y a tout détruit [1].

COLMAR

14. Gotefridi Momutensis *historia regum Britanniae*. — Parch., XII° siècle, 73 ff. in-4.

Le commencement manque. Relié en 1472.

128. [Recueil.] *Dialogus quae sit vera vita apostolica. — Notata circa officium ecclesiasticum. — Sermones seu collationes....* etc.... — Parch., XII° s. 174 ff. in-8.

187. Saint Bernard, Sermons. — Parch., XIII° s., 72 ff. in-4.

---

1. Sur les manuscrits des *Annales Marbacenses* (Monumenta Germaniae, SS. XVII), cf. l'*Archiv* de Pertz, XI, article du Dr Wilmns, p. 115-139.

188. [Recueil.] Didimi Alexandri *liber de Spiritu S.... — Epistola Hugonis Honaugiensis scolastici missa Hugoni Etheriano Constantinopoli. — Liber Hugonis Eth. de differentia naturae et personae. — Comm.* Boetii *in categoriis Aristotelis.* — Parch., xive s., 135 ff. in-4.

189. Opus Peregrini de tempore, pars hiemalis. — Pap., xve s., 89 ff. in-4.

190. Quaestiones philosophicae. — Pap., xvie s., 353 p. in-4.

191. Saint Bernard, *Sermones hyemales de tempore et de sanctis.* — Pap. (1471), 209 ff. in-4.

> Au fol. 207 : « *Expliciunt sermones.... conscripti et completi in et pro domo S. Augustini epi* (in Marbach, en marge) *sub ven. pre et priore Frederico Kempis prioris ejusdem domus ab indigno sacerdote Johe Poderborne de Westphalia anno D. 1471....* »
> Ce Frédéric de Kempis, « parent, compatriote et confrère du fameux Thomas a Kempis [1], » fut le premier prieur de la réforme de Windesheim.

192. Sermones predicati per Ven. D. D. Wilhelmi de Aquigrani, *S. Theolog. doctorem can. reg. Marbach.* — Pap., xve s., 163 ff. in-4.

193. [Recueil.] *Soliloquium F. Adam. — Speculum peccatorum. — Chrysostomi de reparatione lapsi. — M. de Cracovia de confessione. — Sermones.* — Pap., xve s., circ. 140 ff. (les derniers ne sont pas paginés) in-8.

194. [Recueil.] *Varii tractatus spirituales et morales : Dialogus Chrysostomi et Basilii de dignitate sacerdotum. — Admonitiones salubres de S. Eucharistiae sacr....* etc.... — Pap., xve s., 329 ff. in-4.

> Sur le 1{er} fol. : *Iste liber comportatus est in universitate Basiliensi per Mgr. Jacob. Philipp. de Kilchefen.* Et à la fin de la plupart des traités : *Finitus.... per Eberhardum Saltzmann anno 1463.*

---

1. Grandidier, *Œuv. inéd.*, III, p. 140.

195. [Recueil.] *Varii tractatus spirituales.* — Pap., xv⁰ s., 272 ff. in-16.

> De saint Grégoire, de saint Augustin, et, fol. 104 à 122, un *Speculum amatorum mundi* que j'ai eu la joie de reconnaître comme l'œuvre de Denys le Chartreux. C'est le seul manuscrit connu (jusqu'ici, décembre 1897) de cet opuscule.

196. [Recueil.] *Varii tractatus spirituales.* — Pap., xv⁰ s., anc. pagin. incomplète, in-16.

> A la fin : *Script. per fr. Joh. de Francofurdia dictae domus professum.... anno 1480.*

197. Statuta regalis domus S. Victoris Parisiensis. — Pap., xvii⁰ s., 108 pages in-4.

> Relié aux armes de Saint-Victor. — Sur le titre, ces mots de la main de l'abbé Preiss : *Accepi haec statuta die 8 julii a. 1716 et eadem die legere incepi.* Comme partout ailleurs, signification avait été faite aux religieux de Marbach de se séparer de la congrégation allemande et à ce propos on eut un moment le dessein de s'unir à Saint-Victor, ce qui n'aboutit pas. En 1769, Marbach, détaché enfin de Windesheim, se mit simplement sous la dépendance de l'ordinaire.

202. Commentarius (anonyme) *super 2ᵐ sententiarum.* — Pap., xv⁰ s., 405 ff. in-fol.

203. Saint Augustin, *Decades a Psalmo I ad L^m.* — Parch., xii⁰ s., 249 ff. in-fol.

431. Ceremoniale canonic. reg. in Marbach. — Parch. et pap., xv⁰ s., 94 ff. in-4.

> Comme on le voit par une note du fol. 14, v., ce livre fut apporté de Bodeck, diocèse de Paderborn, par les premiers *windesheimiens*.

435. Officia propria SS. ord. et aliorum a canon. regul. S. Aug., congr. Windesemiensis.... His accedunt festa dioecesis Basiliensis. — Pap. (1623), 193 p. in-12.

> *Conscripta a R. P. Hier. Becker.*

467. [Recueil de prières pour les malades, en latin, français et allemand.] — Pap., xviii⁰ s., 73 ff. in-12.

> Sur le plat : *F. Andr. Gardon, er. aug., Frib. Helv. professi.*

COLMAR (Archives départementales)

F. de Marbach, carton 12. *Apographum ex mortuali nostro Marbacensi in pergameno vetusto conscripto per*.... *L. D. Wernher* [1]. — Pap., xviie s., 259 p. in-12.

Écrit par le P. G. Voss, sous-prieur.

Ibid. Necrologium sive catalogus et ordo fratrum et benefactorum hujus monasterii. — Pap., 1680, 44 p. in-4.

SÉLESTADT

93 [2]. [Recueil.] *Justin. — Historia Trevirorum.* — Parch., xiie s., in-fol.

ZILLISHEIM (Bibl. du petit Séminaire)

Necrologium conventus Marpach. — Parch. (1241-1734), 60 ff. petit in-fol.

> Au dernier fol. v° : *Anno M. CC. XLI. scriptus fuit liber iste ab indigno sacerdote Wernhero.*
> Ce précieux obituaire sera publié prochainement pour la *Société des monuments historiques d'Alsace*, par M. l'abbé Hoffmann.
> Grandidier, qui l'a vu à Marbach, au siècle dernier, y avait trouvé un second nécrologe, *plus récent*, dit-il, *et plus étendu* (*Œuvres inédites*, III, p. 125 et 132), dont la trace est perdue.

SCHWARZENTHANN (Monastère de femmes)

D'abord annexé à Marbach, puis transporté à Wasserfall, ce monastère fut installé, en 1149, à Schwarzenthann, tout en restant sous la direction de Marbach. Au milieu du xve siècle, les chanoinesses furent remplacées par des dominicaines, qui l'abandonnèrent à leur tour et finirent par le vendre en 1539.

L'histoire de cette maison est peu connue. On sait seulement que les religieuses s'occupaient à transcrire les livres de chœur et d'autres manuscrits, parmi lesquels nous avons à mentionner

---

1. Cf. plus bas le manuscrit de Zillisheim.
2. Numéro du catalogue imprimé.

ce qu'on appelle le *Manuscrit de Guta*, joyau de nos manuscrits alsaciens depuis que le *Hortus deliciarum* a disparu. C'est un [Recueil], parchemin, du xiiᵉ s., 282 ff. in-fol.

Il contient : 1º un obituaire de Schwarzenthann-Marbach ;
2º Un Évangéliaire ;
3º La Règle de saint Augustin, avec les commentaires de Hugues de Saint-Victor.
4º Les constitutions de Marbach (quelque peu différentes de l'édition d'Amort).

Ce manuscrit, conservé au grand séminaire de Strasbourg, très curieusement enluminé par le chanoine de Marbach Sintram, mériterait d'être publié intégralement en fac-similé, comme on l'a fait pour les épaves du *Hortus deliciarum*. On en a du reste déjà publié quelques fragments, notamment les préceptes d'hygiène qui se trouvent en tête de chaque mois (Cf. *Revue d'Alsace*, 1873, p. 124, et aussi GÉRARD, *Les Artistes de l'Alsace*, p. 37).

2. ERMITES DE SAINT-AUGUSTIN

Des cinq maisons qu'avait en Alsace, avant la Révolution, l'ordre des Augustins, nous n'avons retrouvé de manuscrits que de Colmar, Haguenau et Ribeauvillé [1].

COLMAR

Höhn, dans sa *Chronologia provinciae rheno-suevicae O. FF. Eremitarum S. Augustini* (Würtzburg, 1744), donne quelques renseignements sur l'ancienne bibliothèque de cette maison. Ainsi, p. 58, il dit, à propos du célèbre théologien *Jacobus de Colmaria*, « de quo multa manuscripta et antiquos libros habet bibliotheca nostra Colmariensis ». Et, p. 135, il rapporte que le prieur Vögelin « bibliothecam erexit (au commencement du xviᵉ siècle) praeclaros comparando libros ob antiquitatem non parvi aestimandos, inter quos etiam sunt multa patrum nostro-

---

1. Sur les manuscrits qui se trouvaient autrefois chez les Augustins de Strasbourg, cf. SCHMIDT, *op. cit.*, p. 23, ou *Revue d'Alsace*, 1876, p. 454.

rum manuscripta ». Malheureusement, de tout cela il reste bien peu de chose.

Colmar

198. [Recueil.] 1° *Offices de Cicéron* (1-114); 2° *Récit de la prise de Constantinople* (114 v°-115); 3° *De la consolation de Boèce* (119-170 v°); 4° *Récit de l'invasion des Suisses dans le Sundgau en 1468* (170 v°-171); 5° *Oracio Enee ep. Senensis legati.... in conventu Francford....* (174-186); 6° *Planctus super defunctum in exilio* (186-187). — Pap., xv⁰ s., 173 ff. in-fol.

> Recueil extrêmement précieux, à cause de sa provenance : il a en effet appartenu au chanoine colmarien, le célèbre humaniste *Sébastien Murr* (Murrho), qui l'a écrit en partie de sa main (notamment les pièces 2 et 4), qui l'a annoté copieusement, et dont la signature se trouve à plusieurs endroits (sur le plat, au fol. 113 v°, 170 v°, etc.).

199. Ludolphe le Chartreux, *Explanatio in psalmos*. — Pap., xv⁰ s., 322 ff. in-fol.

200. Saint Thomas d'Aquin, *Super metaphysicam et politicam Aristotelis*. — Pap., xv⁰ s., 230 ff. à 2 col., in-fol.

201. Aug. de Ancona, *De ecclesiastica potestate*. — Pap., xv⁰ s., 250 ff. in-fol.

> Au fol. 249 : « A me fr. Joa. Hucker, lectore....., anno MCCCCXXXV scripta. »

? 448. *Cantus passionis* (noté). — Parch., xv⁰ s., 24 ff. in-fol.

449. *Breviarium*. — Parch., xv⁰ s., 86 ff. in-fol.

> Sur les plats, deux chartes concernant les Augustins de Colmar. Kraus, qui donne une petite description de ce manuscrit (*Kunst und Alterthum in Ober-Elsass*, p. 398), le fait par erreur de Murbach.

454. [Recueil.] Quelques opuscules incunables, et à la fin : *Traité de philosophie*. — Pap., xv⁰ s., 41 ff. in-4.

614. [Recueil.] 1° Psaumes de Turrecremata (incunable, Pellechet, n° 1264); 2° Hug. de Prato, *Sermones dominicales*. — Pap., xv⁰ s., 186 ff. in-fol.

A la suite du recueil imprimé qui porte le n° G. 1911, se trouvent 6 ff. mss. (pap., in-fol.), qui contiennent : 1° une lettre d'envoi d'un opuscule de droit à un professeur par son élève, *Mathias Rudolff*, et qui paraît être sa thèse inaugurale, datée de Tubingue, 4 des calendes de mai 1494; 2° un petit traité (la thèse en question?) qui a pour titre : *An licite possint emi vel vendi, annui census seu redditus in perpetuum solvendi vel cum pacto de retrovendendo et an talis contractus sit de sui natura licitus.*

> L'auteur se prononce pour l'affirmative, se fondant sur deux bulles de Martin V (1425) et de Calixte III (1455).

HAGUENAU

Colmar

570. [Liasse contenant] : 1° *Le catalogue de la bibliothèque de cette maison*, pap., xviii° s., 22 p. in-fol.; 2° *un recueil d'allocutions des visiteurs* (1765-1789), 9 ff. in-fol.; 3° *l'état des biens, meubles.... etc.... en 1789.*

> Le catalogue indique les manuscrits, mais trop sommairement pour qu'il y ait intérêt à le reproduire. Remarquons cependant *Dionys. Cartus. in 12 prophetas et in Script.* (sic), 3 in-fol. 884 volumes sont mentionnés, sans compter ceux que le rédacteur estime sans valeur, *multos antiquos latine et germanice conscriptos*, et qui étaient sans doute les plus précieux.

RIBEAUVILLÉ

Colmar

237. IGNAT. KLEIN, *Crux est vita religiosi et dux paradisi.* — Pap. (1730), 295 p. in-8.

> Recueil de pensées, prières...., etc., pour les malades et les mourants.

466. KLEIN. [Recueil.] 1° Exercices de piété; 2° *Instructio pro cantu chorali.* — Pap., xviii° s., 308 et 85 p. in-12.

> Çà et là quelques renseignements autobiographiques du P. Klein, prieur de la maison en 1726-1728.

3. AUGUSTINES DE STRASBOURG

De la maison des Augustines ou Pénitentes de Sainte-Madeleine de Strasbourg où, du temps de Grandidier [1], on conservait encore « de très beaux livres d'église que les religieuses de la maison avaient écrits elles-mêmes il y a plus de quatre cents ans », sont conservés à

LYON (Bibliothèque des RR. PP. Jésuites)

[Recueil.] *Imitatio Christi Germaniae 1485* (titre moderne du dos de la reliure). — Pap., in-4, 214 ff. n. n.

Le premier feuillet de cet intéressant manuscrit contient la table : « Dis buchlein het in inne beschlossen disse puncte.... Dz büchel von dem Nochfolge Christo.... Der spiegel sanct Bernardus.... und gehört dis buch in dz Closter zu den Ruwerin zu Strossburg.... »

Au deuxième feuillet on lit :

« Frater Thomas Kempis canonicus regularis de monte Ste-Agnetis in Hollandia composuit presentem libellum....

Un het dis büchelin us dem lattin zů tutschtze broht mit grosser arbeit der erwurdige vatt[r] lesemeister Johñes Zierer im brediger ordens In dem jor des hren M CCC LXXX jor. »

Au dernier feuillet, verso :

« Zů lobe und erwurdikeit des almehtigen Gottes ouch vm willen eis gemeine Nutzes d. andechtige Swester des ordens sant Marie Magdalene sust genant d. orden d. Ruweri So hat geschriben dis büchelin Katherina Ingolt ein scwester des selben ordens und conventes zů Strossburg mit irer hante grossem ernst flis uñ arbeit und hat dz vobbroht mit d' hilff Gottes uff Sant Thiburti' und Valerianus tag Anno dñi M CCCC LXXXV. »

STRASBOURG (Grand Séminaire)

Obituarium. — Parch., XIV-XVe s., in-fol. (non paginé).
Règles et cartulaire. — Pap., 1519, in-8 (id.).

---

1. *Œuvres inédites*, II, 287. Cf. aussi SCHMIDT, op. cit., 24, ou *Revue d'Alsace*, 1876, 454.

VII.

ANTONITES

Trois maisons de cet ordre existèrent, à diverses époques, en Alsace : *Isenheim, Strasbourg* et les *Trois-Épis*. De ces deux dernières ne nous est rien parvenu en fait de manuscrits : elles étaient du reste beaucoup moins importantes et *vécurent* moins longtemps que la préceptorerie d'Isenheim, dont les trésors artistiques sont le joyau du musée de Colmar, et dont les manuscrits sont également le meilleur fonds des manuscrits de la bibliothèque.

Colmar

1. [Recueil.] 1° *Biblia pauperum;* 2° Guillaume de Paris, *de universo;* 3° *Tractatus de probatione articulorum fidei;* 4° *Commentaria in Joannem.* — Pap. (1443), 280 ff. in-4.

> En tête : *Tempore Joa. de Orliaco precept. in Isenheim anno 1469 Dns J. Brochardus capellanus S. Antonii Basiliens. donavit hunc librum ad librariam in Isenheim. Orate pro eo.*
> Beaucoup des manuscrits d'Isenheim sont de cette provenance que nous n'indiquerons désormais que par ce mot : *Brochardus.*

2. [Recueil.] 1° *Tractatus de beata Virg. Maria;* 2° *Aliqua capitula de libro qui dicitur Doctrinale antiquitatum contra Bohemos.* — Pap., xv° s., 199 ff. in-fol.

> (*Brochardus.*)

3. Barthélemy de S. Concorde, *Summa.... de casibus.* — Pap., xve s., 287 ff. in-fol.

>(*Brochardus.*)

4. Jacques de Voragine, *Sermones.* — Pap. (1469), 362 ff. in-4.
>(*Brochardus.*)

5. Theologia clericorum. — Pap., xve s., 166 ff. in-4.
>(*Brochardus.*)

6. Vocabularium. — Parch. (1341), 255 ff. in-fol.
>Au dernier fol. « *Explicit liber magistri Hugucionis* » et le nom d'un monastère effacé et remplacé par *Isenheim.*
>Très belles initiales.

7. [Recueil.] G. Erlacensis, *Explicat. orat. domin.;* — *Tractatus de libro decretorum;* — H. de Palma, *Stimulus amoris;* — *Tract. de imagine vite Dei;* — *Tractatus de preceptis;* — Jo. de Fonte, *Compendium IV Sententiarum.* — Pap. (1455), 157 ff. in-fol.

>En tête : *Hic liber spectat ad bibl. Ysenheim attestor ego Fr. Berus administrator ib. 1594.*
>Ce Fr. Berus fut aussi prévôt du chapitre de Colmar et mourut suffragant de Bâle en 1600.

8. [Recueil.] 1° Lactantius ; 2° *Contra monachos mendicantes ;* 3° *Sequitur modus ornandi ecclesiam D. Anthonii per anni circulum.* — Pap. (1451), 183 ff. in-fol.

9. Wilhelm. Horboch, *Decisiones.* — Pap. (1446), 252 ff. in-fol.

10. Gesta Romanorum. — Pap., xve s., 141 ff. in-fol.
>Recueil d'histoire sacrée et profane, légendes, anecdotes, etc.

11. [Recueil.] 1. Nicolai Magni, *Liber de superstitionibus ;* 2° Wilh. Paris., *De universo tertia pars ;* 3° *Epistola Felicis Hemmerlin contra Begardos....* etc. — Pap. (1452), 310 ff. in-4.

12. Ludovic. Ber, basiliensis. *Lecturas super ethica Aristotelis quas fecit Parisiis anno D. 1508.* — Pap. (1508), 215 ff. in-fol.
Manuscrit autographe.

13. Theologia moralis seu liber de timore Domini. — Pap. (1470), 412 ff. in-fol.
>Au fol. 412 v° : « *S. Anthonius abbas hujus monasterii 1562.* »

? 16. Summa scilicet tractatus virtutum. — Pap., xv° s., 256 ff. in-fol.

17. Magistri de S. Paulo, *Practica morborum curandorum.* — Parch., xiv° s., 83 ff. in-4.

(*Brochardus.*)

18. [Recueil.] 1° *Imago mundi;* 2° Fulgentius, *Mythologiarum liber.* — Parch., xiii° et xiv° s., 36 et 46 ff. in-8.

19. [Recueil.] 1° Ciceronis *oratio Pomp.;* 2° Gunif. Barzizii, *Oratio pro sponsalibus....* 3° *De laudibus.... Philippi ducis Mediolanensis;* 4° *Oratio funebris pro Alberto rege Romanorum;* 5° *Rhetorica nova Tullii in arte orandi....* — Pap., xvi° s., 210 ff. in-4.

? 20. Vitae latinae plurim. Sanctorum. — Parch., xiv° s., 65 ff. in-8.

Dans la table du commencement je remarque les *SS. Albanus, Kylianus, Lampertus, Gereon, Udalricus....*

21. S. Bernardi *Quaestiunculae.* — Parch., xiv° s., 210 ff. in-4.

Mutilé du commencement et de la fin.

22. [Recueil.] 1° *Compendium theologiae veritatis;* 2° *Itinerarius Jerosolomitanus;* 3° Augustini *de spiritu et anima.* — Parch., xiv° s., 214 ff. in-12.

23. Sermones de tempore. — Parch., xii° s., 82 ff. in-4.

24. [Recueil.] 1° *Caesaris monarchi de conversione;* 2° Raymundi *tabula super summam;* 3° *De confessione.* — Parch., xiv° s., 93 ff. in-4.

25. [Recueil.] 1° *Hic incipit massa compuli....;* 2° *Ars introductoria in numero* Mgr Algi; 3° *(Calendrier);* 4° *Phisologus de naturis ferarum;* 5° G. Paraldus, *Super summam virtutum;* 6° (Extraits des saints Anselme, Augustin, Jérôme.... etc.); 7° *Opusculum.... fructus fructuum;* 8° *Vocabularium.* — Parch., xiv° s., 190 ff. in-4.

26. Jo. de Opitz, *Sermones.* — Parch., xiii° s., 258 ff. in-12.

27. Cursus de passione Domini. — Pap., xvi° s., 318 ff. in-12.

28. [Recueil.] 1° Suso, *Horologium sapientiae;* 2° S. Bonaventure, *Stimulus amoris;* 3° *Historia passionis Domini.* — Pap., xiv[e] s., 224 ff. in-4.

29. [Recueil.] 1° *Universitatis Cracoviens. de auctoritate Ecclesiae;* 2° *Univ. Wienens. ad id;* 3° Dyonis. dict. Sacr. *Pagine Paris. ad id;* 4° *Univers. Erford. ad id;* 5° *De begardis et beguinis;* 6° *Articuli heretici fraticellorum;* 7° *Art. Joh. de Prussia, ad eosdem;* 8° Joh. Muhlberg, *Contra begardos;* 9° *Missa Bohemorum;* 10° *De vanitate jejunii;* 11° *Tractatulus contra pestilencia.* — Pap., xve s., 163 ff. in-8.

30. [Recueil.] 1° *De remediis applicandis;* 2° *Arzneibuch....* etc. — Pap., xive s., 94 ff. in-4.

31. [Recueil.] 1° Mülich, *De exemplis;* 2° *De laudibus Mariae;* 3° *De purgatorio S. Patritii;* 4° (*Documents relatifs à la réforme des Dominicains*). — Pap. et parch., xve s., 90 ff. in-8.

> Important manuscrit pour l'histoire de la réforme dominicaine du xve siècle qui eut en Alsace son point de départ. Cf. ma *Notice sur les Dominicains de Colmar*, chap. IV et V.

32. Peregrini *Sermones de sanctis.* — Pap., xive s., 90 ff. in-8.

> A la fin, fol. 84 v° à 90, *Collecta S. Othiliae et lectio,* cette dernière quelque peu différente de celle des *Acta SS. Ord. B.*, IV, 486.

35. *Sermones de sanctis.* — Parch., xive s., 84 ff. in-16.

> (*Brochardus.*)

44. [Recueil.] 1° *Summa* Raym. de Pennafort; 2° Gregorii IX *Decretales;* 3° *Sermones Mgr* Jordanis. — Parch., xive s., 73 ff. in-fol.

> Enluminures.

57. [Recueil.] 1° *Sermones propter Syon;* 2° *Liber qui dicitur refugium;* 3° (Traité de droit canon). — Parch., xiiie s., 178 ff. in-8.

> (*Brochardus.*)

232. De Novo Castro, *Super I[m] Sententiarum.* — Pap., xvie s., 115 ff. in-fol.

> En tête : *Est Ludovici Ber, basiliensis, socii Sorbonici.*

233. *Quaestiones super libros posteriorum.* — Pap., xvi⁂ s., 78 ff. in-fol.

Id., et notes de sa main.

248. [Recueil.] 1° *Historia et gesta ducis Gotfridi nationis Burgundiae (Lotharingiae)* (1-26) ;

2° *Notitia omnium ecclesiarum cathedralium* (26 v°-33) ;

3° *Cronica Martini* (33 v°-47 et 51-56).

> C'est la fameuse description de la prise de Constantinople, par Gunther de Pairis. M. le comte Riant l'a publiée, d'après ce manuscrit, et un autre manuscrit de Munich, provenant originairement de Pairis, chez Fick, à Genève, en 1875.

Entre les deux parties de cette chronique sont insérés les numéros suivants :

4° *Bellum Lalislai regis Poloniae contra Teutonicos* (47 v°-48) ;

5° *Tractatus de temporibus* (48-50) ;

6° *Guidonis historia trojana* (57-123) ;

7° *Metra de ludo scakorum* (123 v°-124) ;

8° *Hildegardis prophetiae* (124 v°-125) ;

9° *Aeneae Sylvii epistola* (125-129) ;

10° *Cronica Hermani ord. fr. minorum* (129-171) ;

11° *Revelationes Joachim ab. Flor. in Calabris* (171 v°-172) ;

12° *Aliae visiones Anselmi ep. Marsitani* (173) ;

13° *Epitome terrae Sanctae* (174-183) ;

14° *Cronica de rege Rudolpho de Habspurg* (183 v°-187).

> Extrait des *Annales (Dominican.) Colmar.*, et utilisé par Pertz dans les *Monumenta Germaniae*, Scriptores, vol. XVII.

15° Note sur les *Penitentes* (187 v°-188) ;

16° *Quomodo.... Moravi conversi sunt* (188) ;

17° *Genealogia hebraïca* (188 v°-191) ;

18° *Gesta romanorum* (191-228 v°) ;

19° *Chronique d'A. von Ihringen* (228 v°-230).

> Cette dernière pièce est due à l'auteur de toute la copie de ce précieux recueil, *Anthonius clericus Wratislaviensis dioecesis tunc temporis plebanus in Wringen* (Ihringen en Souabe). Elle a été publiée par Mone, *Quellens.*, I, p. 241-244, qui dit par erreur : « Die Handschrift.... zu Isenheim, später zu Thann ; » c'est le contraire, Ber ayant été de Thann à Isenheim.

Pap., xve s., 230 ff. in-fol.

Sur le plat: *Spectat hic liber ad bibliothecam Bericam Thann.*

? *394. Ordinarius divini officii.* — Pap., xvie s., 137 ff. in-4.

452. Graduale (noté). — Parch., xiiie s., 90 ff. in-4.

453. Collectarium. — Pap. (1516), 3 et 85 ff. in-fol.

VIII.

ORDRE DE SAINT-DOMINIQUE

1. DOMINICAINS

L'ordre de Saint-Dominique eut autrefois, en Alsace, une grande floraison. Avec Eckart et Tauler à Strasbourg, Suzo et Conrad de Grossis à Colmar, nos monastères de frères prêcheurs eurent une légitime célébrité dans le monde entier. Et l'on sait quelle place importante occupent dans l'histoire de l'ordre les religieuses d'Unterlinden. Tous ces monastères étaient d'intenses foyers de vie intellectuelle et mystique. Malheureusement il reste peu de chose, pour les couvents d'hommes surtout, des collections que cette activité théologique supposait.

Sur la bibliothèque de *Strasbourg*, on trouvera quelques renseignements dans l'ouvrage de Ch. Schmidt [1].

Pour la maison de *Colmar*, je prends la liberté de renvoyer à mon opuscule sur ce monastère [2]. Voici les manuscrits encore conservés aujourd'hui aux diverses bibliothèques de la région.

COLMAR

139-141. [Recueil.] *Commentaires sur l'Écriture sainte* (Lyon, Holkot, Saint Thomas....). — Pap., xvᵉ s., 3 in-fol. de 479, 539 et 465 p.

---

1. Page 22, et *Revue d'Alsace*, 1876, p. 453.
2. Page 63.

211. Sermones de sanctis per circulum anni. — Pap., xiv° s., 244 ff. p. in-4.

249. Biblia moralizata. — Pap. et parch. (1470), 213 ff. in-fol.

295. Commentaires sur divers livres d'Aristote. — Pap. (1438), 210 ff. in-4.

307. Biblia latina. — Parch. (1522), 350 ff. p. in-fol.

402. Psalterium ad usum O. F. P. — Parch., xv° s., 175 ff. in-8.

Les premiers folios sont arrachés.

403. Geiler de Kaysersberg, *Predge Buch.* — Pap. (1504), 292 ff. in-4.

Écrit dans le couvent des *Reuweren ze Friburg.*

405. Psalterium et hymnarium O. F. P. — Parch., xv° s., 304 ff. in-fol.

412. Processionale et rituale O. F. P. (noté). — Parch., xv° s., 87 ff. in-12.

416. Kalendarium, festa sanctorum hundt rubricae des Brevier nach Brauch Prediger Ordens. — Pap., xviii° s., 210 ff. in-12.

417. Exequiale et processionale O. F. P. (noté). — Parch., xv° s., 34 ff. in-12.

418. Officium defunctorum. — Parch. et pap., xv° et xviii° s., 73 ff. in-12.

455. Nyder, *Tractatus de conscientia.* — Pap., xv° s., 74 ff. p. in-4.

Relié à la suite d'un imprimé.

458. [Recueil.] 1° Vitae Patrum Hieronymi (impr.). — 2° *Liber gestorum Barlaam et Josaphat a Joa. Damasceno.* — 3° *Vitae SS. Hylarionis, Abraham, Mariae Egyptiacae,* etc. — Pap., xv° s., in-fol. non folioté.

Sur le 1ᵉʳ fol. : « *Iste liber est Fr. Predicat. conv. Columbariensis procuratus in Colonia per Fr. Ulricum de Rode, ejusdem convent. filium nativum 1479, petentem Dominum orari pro eo....* »

474. [Recueil.] 1° *Confrérie du Rosaire, listes des associés.* — 2° *Règlements et exemples.* — 3° De compassione Mariae (impr.). — 4° *Promptuarium exemplorum.* — 5° *Documents relatifs à la réforme dominicaine.* — Pap., xv⁰ s., 78 ff. in-fol.

> Sur ce recueil, un des plus précieux manuscrits de la bibliothèque de Colmar, cf. les *Miscellanea alsatica*, I, p. 49, la *Notice sur les Dominicains de Colmar*, p. 66, et le *Journal de Colmar*, des 18 et 25 août et 8 septembre 1898.

592. S. Antonin de Florence, *Decisio consiliaris.... de indulgentiis.* — Pap., xv⁰ s., 11 ff. in-4.

> A la suite d'un *Preceptorium* de Nider.

598. [Recueil en partie imprimé.] Le manuscrit contient divers traités de Gerson : *De contemplatione*; *De mendicitate spirituali*, etc. — Pap., xv⁰ s., 145 ff. in-12.

603. [Recueil.] 1° *Imitation* (impr.). — 2° Peregrinatio B. M. V. (impr.). — 3° *S. Bernardus ponit 7 gradus obedientiae, Vera indicia humilitatis, Cantilena de contemptu mundi* (en allem.). — Pap., xv⁰ s., 3 ff. in-8.

Aux Archives départementales (E 3ª du fonds des Dominicains de Colmar) sont conservés :

Obituaire. — Parch., xiii⁰ s., in-fol.

Buechner, *Protocollum seu liber memorialis....* — Pap., xvii⁰ s., 2 p. in-fol.

STUTTGART

N° 145, ms. hist. in-4. *Annales Colmarienses, Basilienses et Chronicon colmariense.* — Pap., xvi⁰ s., 140 ff. in-4.

> « Ex bibliotheca Predicatorum in Colmaria, » dit Pertz, *Mon. Germaniae*, XVII. — Sur les diverses éditions de ces célèbres annales, cf. la *Bibliographie colmarienne*, de M. Waltz.

Des *Dominicains de Guebwiller* [1] nous ont été conservés les manuscrits suivants :

BALE

D. IV. 9. [Recueil.] Mutilé du commencement, contenant d'après la table : *De illustribus viris de ordine fratrum predicatorum ; Epistola Clementis.... de paritate ord. predic. et minorum ; Epistola fratris Petri Mör, prioris Gebwilerensis, ad Joh. Crützer.... ut ingrediatur ordinem predicatorum; De fundatione, defectione et reformatione monast. sororum Angelicæ Portis oppidi Gebweiler.... auctore Joa. Meyer*, etc. — Pap., xve s., 109 ff. in-4.

Très intéressant manuscrit.

COLMAR

216. Dunkelspiel, *Sermones de tempore*. — Pap., xve s., 302 ff. in-fol.

217-218. S. Gregorii *expositio moralis in Job*. — Pap., xve s., 257 et 297 ff. in-fol.

220. [Recueil.] 1° *Mathei Vegii laudensis de perseverantia religionis*. — 2° *Lucii Ennii Senecae.... epistolae*. — 3° *Alberti Magni de missa*. — Pap., xv^e s., 211 ff. in-fol.

223. Quaestiones in XII libris Metaphys. Aristotelis. — Pap., xve s., 304 ff. in-fol.

227. [Recueil.] 1° Cessoles, *Libellus de moribus hominum*. — 2° *Liber apum*. — 3° *Sermones*. — Pap., xve s., 275 ff. in-fol.

252. [Recueil.] 1° Bernardi, *De precepto et dispensatione*. — 2° *Traité des préceptes*. — 3° *De mystica theologia*. — 4° S. Thomae, *De defectibus in celeb. missae*. — 5° Hieronymi *re-*

---

1. On sait que la *Chronique* de cette maison, du P. Dietler, a été publiée par X. Mossmann (Guebwiller, 1844, in-8) et tout récemment (*Ibid.*, 1898, in-8°), par M. de Schlumberger. La copie de M. Mossmann est à la bibliothèque de Colmar, ms. 695.

gula. — 7° Jordanis *in historiis passionis*. — 7° *Centum meditationum passionis*. — Pap., xv° s., 211 ff. in-8.

?342. *Liber 4 Sententiarum*. — Pap., xv° s., 377 ff. in-fol.

GUEBWILLER (Archives de Saint-Léger)

Antiphonaire-Graduel, à l'usage des Dominicains 1. — Parch., xiv°-xv° s., 2 in-fol. non ff. (chacun circa 300 ff.). *Noté*.

De la bibliothèque des Dominicains de *Sélestadt*, sur laquelle on consultera l'ouvrage cité de M. Gény 2, on conserve aujourd'hui dans la bibliothèque de Sélestadt :

SÉLESTADT

Liber rerum omnium memorabilium conventus s. ord. Fr. Predicatorum Selestadiani renovatus. — Pap. (1722), in-fol.

Registre d'enregistrement des lettres patentes et autres actes.... du P. H. Grossing, vicaire général des Dominicains d'Alsace.... — Pap. (1781), 86 p. in-12.

2. DOMINICAINES

Avec les manuscrits d'Isenheim, la collection la plus belle de la bibliothèque de Colmar provient du célèbre monastère d'*Unterlinden*. Voici ces manuscrits :

COLMAR

132-133. Antiphonarium O. F. P. (noté). — Parch., xv° s., 235 et 254 ff. in-fol.

134-135. Antiphonarium O. F. P. (noté). — Parch., xv° s., 230 et 246 ff. in-fol.

136. Graduale O. F. P. (noté). — Parch., xv° s., 281 ff. in-fol.

1. Et non de Murbach, comme le dit par erreur M. Kraus, II, p. 109.
2. Pages 10 et 50.

137-138. Antiphonarium O. F. P. (noté). — Parch., xve s., 318 et 264 ff. in-fol.

> Magnifique collection de livres liturgiques exécutés dans la maison, au xve siècle. Dans plusieurs initiales enluminées sont représentées des religieuses.

? 260. Missale. — Pap., xve s., 163 ff. in-fol.

> Les manuscrits suivants sont en allemand.

261. O. DE PASSAU, *die Tofelen das man nenet die vier und zwenzig Alten.* — Pap., xve s., 240 ff. in-fol.

> Très curieuses initiales.

264. DIETRICH VON APOLDIA, *Legende des heiligen Dominicus.* — Pap., xve s., 194 ff. in-4.

265. Leben der Heiligen. — Pap., xve s., 167 ff. in-4.

266. [Recueil.] 1° *Suso's Buchlein der Warheit.* — 2° *Das Briefbuchlein.* — 3° *Suso's Lectulus und 3 Briefe.* — 4° *Nider Briefe und Predigten.* — Pap., xve s., 136 ff. in-4.

> Utilisé par le P. Denifle.

268. [Recueil de traités de piété, prières, extraits des Pères, etc.] — Pap., xve s., 348 p. in-12.

269. [Recueil de] *Traités d'Eckhart.* — Pap., xve s., 142 ff. in-12.

> Le traité *Das ist Swester Katrei*, imprimé par Pfeiffer (*Deut. Mystiker*, II, p. 448), serait ici plus complet, d'après le P. Denifle.

270. [Recueil de prières.] — Pap., xvie-xviie s., 161 ff. in-12.

> Gravures ajoutées. — Du folio 149 à la fin, autobiographie de la copiste, sœur Elisabeth von Ursa, et petite chronique de la maison.

271. [Autre recueil analogue.] — Pap., xve s., 172 ff. in-12.

272. [Recueil.] 1° *Sermon des bösen Geistes.* — 2° *Vie de sainte Dorothée.* — Pap., xve s., 145 ff. in-12.

273. [Recueil de prières.] — Pap., xve s., 221 ff. in-32.

275. Evangelien. — Parch., xve s., 329 ff. in-32.

> Les manuscrits suivants sont en latin, sauf indication contraire.

276. Breviarium et *Recueil de prières* (en allemand). — Pap. et parch., xvᵉ et xvıᵒ s., 341 ff. in-32.

280. Diurnale O. F. P. — Parch., xvᵉ s., 357 ff. in-32.

302. [Recueil.] 1° *Kalendrier et obituaire.* — 2° *Martyrologium Usuardi.* — 3° *Lectiones evangeliorum.* — 4° *Constitutiones Sororum B. Dominici.* — 5° *Temperamenta.* — Parch., xvᵉ s., 181 ff. in-fol.

? *312-313. Antiphonarium O. F. P.* — Parch., xvᵉ s., 389 et 249 ff. in-fol.

317. Graduale O. F. P. — Parch., xvᵉ s., 212 ff. in-fol.

? *334. Liber spiritualis gratiae Mechtildis* (en allemand). — Pap., xvᵉ s., 266 ff. in-4.

383. Processionale O. F. P. — Parch., xvᵉ s., 237 ff. in-32.

384. Officium defunctorum et processionale. — Parch., xvᵉ s., 152 ff. in-32.

385. Idem. — Parch., xvᵉ s., 259 ff. in-32.

387. Idem. — Parch., xvᵉ s., 210 ff. in-32.

389. Passionale et hymnarium. — Parch., xvᵉ s., 111 ff. in-12.

390. Offic. defunctorum et processionale. — Parch., xvᵉ s., 237 ff. in-12.

392. Idea sanctitatis. Vorbild der Heiligkeit, Das ist Kurtze Beschreibung des.... Lebens.... des Hoch. Patr.... Dominici (allemand). — Pap. (1688), 333 p., plus 36 p. de prières.

393. Officium defunctorum et processionale O. F. P. (noté). — Parch., xvᵉ s., 90 ff. in-12.

397. Idem. — Parch., xvᵉ s., 226 ff. in-12.

398. Idem. — Parch., xvᵉ s., 125 ff. in-12.

399. Breviarium O. F. P. — Parch., xvᵉ s., 229 ff. in-12.

Mutilé aux deux bouts. — Très belles initiales, et à 2 ff., curieuses coutures du parchemin en soie de couleur.

401. Idem. — Parch., xıv^e s., 217 ff. in-4.

415. Officium defunctorum (noté). — Parch., xve s., 61 ff. in-8.

> Sur le plat : *Gehört Schwertes Hyacinth. Herber,* 1734.

472. Responsoriale. — Parch. et pap., xve s., 39 ff. in-4.

495. Liber miraculorum. — Parch., xve s., 42 ff. in-32.

> Cf. *Miscellanea alsatica,* III, p. 283.

508. Cath. de Gueberschwiher, *Vitae Sororum.* — Parch., xıv^e s., 141 ff. p. in-fol.

> C'est le célèbre recueil des vies des premières sœurs d'Unterlinden. Sur les diverses éditions qui en ont été faites, consulter la *Bibliographie colmarienne* de M. Waltz.

576. II [1]. [Recueil.] 1° *De inchoatione et fundatione monasterii.* — 2° *Nomina Sororum.* — 3° *Obituarium.* — 4° *Regula S. Augustini.* — Parch., xııı^e-xve s., 51 ff. p. in-fol.

> La première pièce a été publiée par D. Pitra, *Lettre au P. Lacordaire,* et par moi, *le Monastère d'Unterlinden au XIIIe siècle.* Je prépare, pour le *Bulletin de la Société des monuments historiques d'Alsace,* la publication du n° 3, *l'Obituaire,* complété par le ms. 302.

717 (I et II). [Recueils.] *Vie de saint Pierre et homélies sur quelques fêtes de saints* (en allemand). — Pap., xve et xvı^e s., 337 et 334 ff. in-8.

> Sur ces deux manuscrits, cf. *Journal de Colmar,* 5 février 1888. — Très curieuses initiales découpées.
> Au fol. 324 v° du second volume, note de la sœur de Kippenheim, traductrice et copiste de ce livre.

STRASBOURG (Bibl. de l'Université)

L. Germ. 446. Vollendung des Badschenck.... — Pap., xve s., 10 ff. in-8.

> D'une prieure (cf. fol. 5 v°) d'Unterlinden (fol. 6).

---

1. Le n° 576, I, n'est pas un manuscrit, mais une liasse contenant quelques fragments de lettres de religieuses d'Unterlinden des xve et xvı^e siècles.

De la maison des *SS. Marguerite et Agnès de Strasbourg* :

STRASBOURG (Bibl. de la ville)

825 et 825 bis. Recueils de prières (en allemand). — Pap., xv° s., 38 et 41 ff. in-32.

> Au fol. 17 du premier : « Dyss noch geschriben seit von einer guten loblichen Gewonheit und Ordnung die die liben Muteren von Unterlynden zu S. Agnesen in das Closter zu S. Margretha hant gebracht. »

STRASBOURG (Bibl. de l'Université) [1]

718. Cronigca disz Closters S. Margreta und Agnesa in Straszburg. — Pap., xviii° s., 112 ff. in-4.

808. Ordnung das Brevier zu betten…. für Josepha Hüffel…. chor frau des Dominicaner-Ordens…. — Pap., xviii° s., 28 p. in-4.

STRASBOURG (Bibl. de la ville)

728. Chronic über…. S. Margarethen…. — Pap. (1738), 310 p. in-fol.

> Publié fragmentairement par M. l'abbé V. Guerber dans le *Kathol. Kirch. und Schulbl. für das Elsass*, en 1849-1850, et presque intégralement par M. de Bussierre, sous le titre d'*Histoire des religieuses dominicaines du couvent de Sainte-Marguerite et Sainte-Agnès*, Paris, 1862.

De la maison de *S. Nicolas in Undis de Strasbourg* :

PARIS (Bibl. nationale)

222 (Mss. allemands). *Predigten und Traktaten.* — Pap., 302 ff. in-fol.

---

1. Je ne mentionne que les manuscrits proprement dits et qui me paraissent provenir sûrement des couvents. Mais on trouvera dans le catalogue de M. Barack divers autres recueils historiques sur les couvents de Strasbourg.

Du monastère de *Schönensteinbach* [1] on conserve à :

COLMAR

263. [Recueil de] *Traités mystiques* (allemand). — Pap., xvᵉ s., 132 ff. p. in-4.

SAINT-GALL [2]

P. Joa. Meyer, *Liber de reformatione ordinis praedicatorum.* — Pap., xvᵉ s. [3].

Du monastère de *Guebwiller* :

COLLECTION SPETZ (Isenheim)

[Recueil de prières]. — Parch., xvᵉ s., petit in-4.

Enfin du monastère de *Sélestadt* :

SÉLESTADT

22 [4]. [Recueil.] 1º Augustini *liber confessionum.* — 2º *De S. Andree apostolo.* — Pap., xvᵉ s., in-8.

STRASBOURG [5]

H. 3406. *Predigtbuch.*

---

1. Dont la chronique, du P. Dietler, a été récemment publiée par M. de Schlumberger d'après le manuscrit autographe de sa collection, édition où a aussi été utilisé le manuscrit du P. Meyer de Saint-Gall.
2. Bibliothèque de l'évêché.
3. Cf. Schlumberger, *op. cit.*, p. ix, n. 31.
4. Numéro du catalogue imprimé.
5. Aux Archives départementales, d'après M. Gény, *op. cit.*, p. 9.

IX.

ORDRE DE SAINT-FRANÇOIS

Sur l'histoire franciscaine d'Alsace on consultera avec profit le *Trifolium Seraphicum in Alsatia florens* (Bibliothèque municipale de Strasbourg, n° 704 de la liste Reuss, et bibl. de l'Université, n° 60) et l'*Enchiridion seu manuale topologico-historicum* (Bibl. de l'Université, n° 300) de J. Schweighäuser ; et l'ouvrage de K. Eubel, *Geschichte der oberdeutschen Minoriten-Provinz* (Würtzburg, 1886, 2 in-8), qui cite (*passim*) un manuscrit de la bibliothèque de Würtzbourg du frère Muller, de Brisach (xviiie siècle), intitulé : *De ortu et progressu almae provinciae Argentinensis…. Fr. minorum S. Francisci.* Il nous est resté peu de manuscrits des diverses branches de l'ordre de Saint-François qui existaient en Alsace avant la Révolution :

1. FRANCISCAINS (Récollets, Conventuels)

Maison de Haguenau

HAGUENAU (Bibliothèque de)

P. Tschamser, *Protocollum sive annales fratrum minorum Haguenoensium.* — Pap., xviiie s., in-fol.

Ces Annales sont du même auteur que la Chronique de Thann, dont il sera question plus loin.

COLLECTION INGOLD [1]

Kalendarium, Psalterium et hymnarium secundum ordinem Carthusiens. — Pap. (1497 et 1571), non paginé, in-12.

Au commencement du Psautier : *Sum Carthusianorum prope Treverim*, et au 1ᵉʳ fol. du ms. : *Nunc vel invitus inter libros Frm. Min. Conventualium O. S. Francisci in Hagenaw locum occupo, nec tibi quicumque me proprio loco (sc. Carthusiae Trevirensi) assignaturus es, furti vitio futurum censeas velim, quicumque tandem sis lector ac restitutor.*

Maison de Kaysersberg

COLMAR

450. Psalterium ad usum FF. Minorum (noté). — Parch. (1463), 138 ff. in-4.

Le commencement manque. — Au fol. 130 v°: « *Istud psalterium fecit pro nobis scribi honorabilis vir Petrus Coler civis in Kaysersberg in remedium anime sue et uxoris defuncte cujus anima requiescat in pace MCCCCLXIII.* »

459. [Recueil, en partie imprimé.] 1° Summa aurea Paraldi (impr.). — 2° *Incipiunt capitula seu distinctiones sume sive tractatus de vitiis.* — 3° *Incipit tractatus de conflictu viciorum ac virtutum.* — Pap., xvᵉ s., 34 ff. (pour le ms.) in-12.

620. [Recueil, en partie imprimé.] 1° A. Corsettus *super montem pietatis.* — 2° Consobrinus de Justitiis commutativa (impr.). — 3° *Tabula speculi consequentis.* — 4° Speculum finalis retributionis ; — et 5° Preceptorium N. de Lyra (impr.). — Pap., xvᵉ s., 9 et 11 ff. pour les mss., in-12.

STRASBOURG (Bibl. de l'Université)

157. Directorium archivale conventus Caesaromontani.... a P. Seraphino Roth. — Pap., xviiiᵉ s., 196 p. in-fol.

Véritables annales de la maison.

---

1. J'ai depuis remis ce manuscrit à mon vénéré maître et ami, M. l'abbé Hanauer, pour être déposé dans la bibliothèque de Haguenau, confiée à ses soins.

Maison de Luppach

COLMAR (Archives départementales)

Gratus Holdt. *Directorium archivale modernum practicum.* — Pap. (1763), in-fol.

Ce sont aussi de véritables annales.

Maison de Rouffach

COLMAR

85. Summa decretalium. — Parch., xiv° s., 376 ff. in-fol.

86. [Recueil de droit canon.] — Parch., xiv° s., 252 ff. in-fol.
Mutilé du commencement.

87. Panormitanus *super libros decretalium.* — Pap. (1496), 374 ff. in-fol.

110. [*Recueil de prières liturgiques et autres.*] — Pap. et parch., xvi° s., 167 ff. in-12.

111. Psalterium germanicum cum glossis. — Pap., xv° s., 267 ff. in-12.

112. [Recueil, en partie imprimé.] 1° *Imitatio J. C.* — 2° *Speculum disciplinae noviciorum S. Bonaventurae.* — 3° Tractatus de perf. inst. novic. (impr.). — Pap., xv° s., 128 ff. (pour les mss.) in-4.

113. [Recueil.] 1° Augustini *de cognitione verae vitae.* — 2° *Enchiridion.* — 3° *Soliloquium.* — 4° *De vita christiana,* etc. — Pap. (1479), 188 ff. in-12.

114. Sermones. — Pap. (1537), 332 ff.
Commence par le chapitre XI.

? 115. Sermones de sanctis et aliis variis in principio annotatis. — Pap. (1530), 13 ff. n. p. (table) et 195 ff. p. in-8.

116. [Recueil.] *Traités spirituels de H. et R. de Saint-Victor, Guy le Chartreux,* etc. — Pap., xv° s., 161 ff. in-12.

117. Sermones de creatione et lapsu hominis, de passione, etc. — Pap. (1546), 229 ff. in-12.

118. Sermones super Job, epist. Jacobi, de fide et symbolo. — Pap., xviie s., 274 ff. in-12.

619. [Recueil, en partie imprimé.] 1° De triplici candore Mariae (impr.). — 2° Tetrastichon Iod. Galli (id.). — 3° *Flores morum* (en rimes équivoques). — 4° Floretus S. Bernardi (impr., Pellechet, 295), etc. — Pap., xve s., 13 ff. in-4 (pour le ms.).

Sur le plat : *Jodoci Galli Rubeaq....*

623. [Recueil, en partie imprimé.] 1° Sermons de Nider (impr.). — 2° DUNKELSPIEL, *De 3 partibus penitentie.* — 3° *Tractatus de sacramento corp.* — 4° FRIES DE LEONIBERG, *Table du livre des Sentences.* — Pap., xve s., 36 ff., 23 p. et 12 ff. in-fol.

Maison de Strasbourg

STRASBOURG (Bibl. de la ville)

Fr. STAUFFENBERG, *Annales der Barfueusser zu Strassburg, de anno 1507 biss 1510.* — Pap., xviie s., 8 ff. in-fol.

Copie d'un document plus ancien. — Publié par R. Reuss, dans le *Bulletin de la Société des monuments historiques d'Alsace*, 1857, p. 295-314.

Maison de Thann

COLMAR (Archives départementales)

Chronique (latine) *de la maison*, par le P. Joachim LANG (1600-1612), in-fol.

Que nous mentionnons avec d'autant plus de raison qu'elle contient, fol. 5 v° à 7, le catalogue de la bibliothèque en 1600.
Le même carton (A 5-11) contient le catalogue de la même bibliothèque en 1697 [1], petit in-4 de 21 ff., et le catalogue de la bibliothèque particulière du P. Tschamser, 4 p. in-fol.

Nous ne mentionnerons ici la Chronique de Thann ou les

---

[1]. Le ms. 577 de la bibliothèque de Colmar est aussi un catalogue de cette bibliothèque, dressé en 1679 par le P. Salatin, copie moderne de 16 pages in-4.

Annales oder Jahrs-Geschichten der Baarfüseren oder Minderen Brüdern.... zu Thann du P. Tschamser, imprimée comme l'on sait, que pour signaler l'existence de la 3ᵉ partie, restée inédite, de ce précieux document. Elle est conservée à :

DELLE

Chez les Bénédictins de Maria-Stein, in-fol. de 591 pages, papier, allant jusqu'à l'année 1784.

> Le manuscrit 171 (Pap., xvᵉ s., 144 p. in-4) de la bibliothèque de l'Université de Strasbourg est une copie, de la main de M. Zimberlin, d'une partie de ce troisième volume [1].

2. CAPUCINS

Maison d'Ensisheim

COLMAR

613. [Recueil, en partie imprimé.] 1° H. de Prato, *Sermones dominicales* (impr.). — 2° *Abrégé* (anonyme) *de l'Histoire du pèlerinage à Constantinople de Foucher de Chartres.* — Pap., xvᵉ s., 2 ff. in-fol.

> *Loci capucinor. Ensishemii*, mais sur le 1ᵉʳ feuillet il y a : *Sum Joa. Udalr. Borsingeri Masopolitani ecclesiastis Damerkirchii plebani anno a partu Virg. 1612*, et sur le dernier : *Liber B. M. V. de Lucella comparatus per fr. Teobaldum de Curtimatri anno CCCCC°*.

624. [Recueil, en partie imprimé.] 1° Vie de saint François-Xavier (impr.). — 2° *Vita S. Bernardi per Gaufridum*. — 3° *Vita S. Severini*. — Pap., xvıııᵉ s., 6 ff. in-4.

Maison de Colmar

COLMAR

369. *Philosophia sub V. P. Materni Jesuwitta* (sic) *Argentinus.* — Pap. (1734), 501 p. in-4.

---

[1]. Un abrégé de la chronique de Thann a été publié dès 1766 (Colmar, Decker). Cf. Reuss, *op. laud.*, p. 221.

Maison de Haguenau

COLMAR

637-638. Psalterium romanum ad usum FF. Capucin. — Pap. (Hagenoae, 1767), 554 et 486 p. in-fol.

Maison de Neuf-Brisach

COLMAR

239. Sermones de sanctis (en allemand). — Pap., xviie s., 249 ff. in-12.

> En marge, indications des localités où ces sermons ont été prêchés, v. gr. : à Kienzheim en 1644, à Landser en 1681, à Banzenheim en 1640, à Mulhouse en 1653, etc.

Maison de Saverne

COLMAR

235. Idea confessionum sive quaestiones practicae circa confessiones variarum personarum. — Pap., xviie s., 117 p. in-12.

> Ad usum F. Theodosii capuc. Tabernens. anno 1683 (et de sa main).

3. CLARISSES

Maison d'Alspach

COLMAR

274. [Recueil.] *Traités de piété, Sermons du P. Heinrich Vigylleis de Wissembourg,* franciscain, confesseur de la maison.... (en allemand). — Pap., xve s., 293 ff. in-16.

> Au fol. 278 v° : Écrit par *Sœur Barbe Velden.*
> Comme on l'a vu plus haut, le n° 456, *Pairis,* venait primitivement d'*Alspach,* qui donna à Pairis un certain nombre de livres, au xviie siècle, notamment une chronique allemande de l'Alsace (*Diarium* de *Buchinger,* in *Revue catholique de l'Alsace,* XI, p. 442 et 447).

X.

JÉSUITES

JÉSUITES

Malgré leurs nombreux établissements en Alsace et leur grande activité littéraire, peu de manuscrits nous sont restés des Jésuites alsaciens et peu de renseignements sur leurs bibliothèques. Comme manuscrits, il n'y a guère à signaler (sans parler de ceux du grand séminaire de Strasbourg, dont plusieurs ont été mentionnés plus haut) que leurs *Annales* ou *Diaria*, et encore la plupart ont-ils été publiés [1], comme l'on sait. Nous n'avons donc que peu de chose à mentionner ici :

Maison d'Ensisheim

PARIS (Bibliothèque nationale)

Supplément fr. 10287. Catalogue des livres de la bibliothèque des Jésuites d'Ensisheim.

Maison de Molsheim

ARCHIVES DE L'ÉGLISE DE MOLSHEIM

1° *Synopsis ortus et progressus collegii....* (1577-1636), in-4.

---

1. *Maison de Colmar*, par J. Sée, 1872 (ms. à Colmar) ; *Maison de Haguenau*, par Urban, 1855 (ms. à la cure de Molsheim) ; *Maison de Sélestadt*, par M. Gény, 1895-1896 (ms. à la bibl. de Sélestadt).

2° *Historia collegii....*, t. II (le Ier est perdu), in-fol.

3° *Compte rendu des assemblées de la grande congrégation.*

COLLECTION MURY

Recueil des principaux événements du collège de Molsheim (1780), in-fol.

> Tous ces manuscrits ont été utilisés à diverses reprises (*Revue catholique de l'Alsace*, 1867, 1869; *Ibid.*, 1886, 1897....), mais non encore intégralement publiés.

Maison d'Oelenberg

BIBLIOTHÈQUE D'OELENBERG [1]

Oelenbergensis historia, a fundatione prima de anno 1054 usque ad annum 1756.... a *P. Juillerat* scripta. — Pap., XVIIIe s., 384 p. in-4.

> De cette histoire, dont mon père découvrit un exemplaire (l'original ?) en 1858, qu'il donna aux Trappistes d'Oelenberg, je possède une copie, 318 p. in-4 [2]. M. Trouillat (*Monuments*, II, p. 20) en avait également un exemplaire.
>
> Cf. aussi le manuscrit 165 de la bibliothèque de l'Université de Strasbourg : Zimberlin, *Notamina ad historiam.... Oelenberg.* — Pap., XIXe s., 20 ff. in-4.

Maison de Sélestadt

120 [3]. *Psalterium.* — Pap., XVe s., in-4.

---

1. On conserve aussi aujourd'hui à Oelenberg un Antiphonaire de 1599, un Graduel précieusement enluminé de 1516. Cf. Kraus, *op. laud.*, IV. p. 58. Mais le savant auteur ne renseigne point sur la provenance de ces manuscrits.

2. Le n° 578 de la bibliothèque de Colmar est une liasse de pièces relatives aux prieurés bénédictins unis aux jésuites. Cf. aussi collection Chauffour, ms. 14, n° 37.

3. Numéro du catalogue imprimé.

ADDITIONS

Pour la page 7, sur la bibliothèque du *chapitre de Strasbourg*, cf. GRANDIDIER, *Histoire de l'église de Strasbourg*, I, 315.

Page 10. Sur la bibliothèque d'*Andlau*, cf. GÉNY, *Die Bibliothek zu Schlettstadt*, p. 56-57.

Page 13. Note 2, *in finem*. Ce catalogue a été édité, avec beaucoup de soin et de science, par Ed. ZARNCKE : 1° *partiellement*, dans les *Commentationes in honorem G. Studemund* (Strasbourg, Heitz, 1889 p. 183-203) sous le titre de *Aus Murbachs Klosterbibliotheks anno 1464* ; 2° *complètement* dans le *Philologus*, 1890, p. 613-626, sous le titre de *Analecta Murbacensia*.

Page 13. Sur le manuscrit 38, cf. THOMASI *opera*, I, p. 297, et 490-495.

Page 14. Sur le manuscrit 45, cf. *Bulletin de la Société des monuments historiques d'Alsace*, IIe s., XIV, p. 179.

Page 14. Note 3, sur les *Annales* de Murbach, cf. HEIGEL, *Ueber die aus den ältesten Murbacher Annalen abgeleiteten Quellen*, dans les *Forsch. z. deutsch. Gesch.*, V, p. 397-403.

Page 18. Sur le manuscrit de Munich, cf. aussi *Revue d'Alsace*, 1858, p. 553.

Page 19. Sichardt, dans son *Antidotum*, 1528, fol. 18^a, signale un manuscrit de Murbach contenant des livres sur la Trinité attribués à saint Athanase, manuscrit non encore identifié. (Cité par FICKER, *Studien zu Vigilius von Thapsus*, Leipzig, 1897, p. 13.)

Page 24. Sur la bibliothèque de *Wissembourg* (O. S. B.), cf. GOTLIEB, p. 80.

Page 25. Sur celle de *Baumgarten* (O. C.), ib. p. 388, et SCHMIDT, *Histoire des bibliothèques de Strasbourg*.

ERRATA

Page 20. Le manuscrit 331, bien que portant une ancienne indication de Munster, doit provenir originairement de Pairis, où se faisait la fête indiquée.

Page 37. Le manuscrit 467 doit être rangé dans la division suivante *Ermites de Saint-Augustin*.

Page 40. Manuscrit 448. On a oublié de dire ici et autre part que le ? indique un doute sur la provenance des manuscrits ainsi désignés.

TABLES

1. TABLE DES MATIÈRES

Avant-propos 5

I. *Chapitres.* 1. Chapitre de la cathédrale de Strasbourg 7
    2. Collégiale de Saint-Pierre-le-Jeune 9
    3. Collégiale de Saint-Martin à Colmar 9
    4. Collégiale de Saint-Thiébaut à Thann 9
    5. Chanoinesses d'Andlau 10
    6. Chanoinesses de Massevaux 10

II. *Ordre de Saint-Benoit.* 1. Altdorf 11
    2. Ebersmunster 11
    3. Marmoutier 12
    4. Murbach 12
    5. Munster 19
    6. Sainte-Foi 22
    7. Saint-Morand 23
    8. Saint-Ulrich 23
    9. Thierenbach 23

III. *Ordre de Cîteaux.* 1. Lucelle 25
    2. Neubourg 27
    3. Pairis 27

IV. *Chartreuse de Strasbourg-Molsheim* 31

V. *Johannites* 33

VI. *Ordre de Saint-Augustin.* 1. Chanoines réguliers de Marbach . . 33
    Chanoinesses de Schwarzenthann 38
    2. Ermites de Saint-Augustin : Colmar 39
    Haguenau 41
    Ribeauvillé 41
    3. Augustines de Strasbourg 42

VII. *Antonites* d'Isenheim 43

VIII. *Ordre de Saint-Dominique.* 1. Dominicains de Strasbourg. 49
    De Colmar. 49
    De Guebwiller . . . . , ... 52
    De Sélestadt 53
  2. Dominicaines de Colmar (Unterlinden). 53
    De Strasbourg 57
    De Schönensteinbach 58
    De Guebwiller 58
    De Sélestadt 58
IX. *Ordre de Saint-François.* 1. Franciscains de Haguenau 59
    De Kaysersberg 60
    De Luppach 61
    De Rouffach 61
    De Strasbourg 62
    De Thann 62
  2. Capucins d'Ensisheim 63
    De Colmar. 63
    De Haguenau. 64
    De Neuf-Brisach 64
    De Saverne 64
  3. Clarisses d'Alspach. 64
X. *Jésuites* 65

2. TABLE DES MANUSCRITS DE LA BIBLIOTHÈQUE DE COLMAR [1]

Chapitre de Colmar	9
Abbaye de Murbach [2]	13
Abbaye de Munster	19
Prieuré de Thierenbach	23
Abbaye de Lucelle	26
Abbaye de Pairis	27
Johannites [3]	33
Monastère de Marbach	35
Augustins de Colmar	39
Augustins de Haguenau	41
Augustins de Ribeauvillé	41
Antonites d'Isenheim [4]	43
Dominicains de Colmar	49
Dominicains de Guebwiller	52
Unterlinden	52
Schönensteinbach	58
Franciscains de Kaysersberg	60
Franciscains de Rouffach	61
Capucins d'Ensisheim	63
Capucins de Colmar	63
Capucins de Haguenau	63
Capucins de N.-Brisach	64
Capucins de Saverne	64
Clarisses d'Alspach [6]	65

1. Comme la plupart des manuscrits que nous signalons sont conservés à Colmar, nous en donnons ici à part une liste sommaire.
2. Le n° 554 de la bibliothèque de Colmar est une liasse de documents. De même les n°s 549 et 578, qui concernent Marmoutier, et le n° 563, qui est une procédure contre deux chanoines de Wissembourg.
3. Le n° 540 est une pièce de vers dédiée au cardinal de Rohan, par un commandeur de Saint-Jean de Strasbourg, Köbel. Le n° 566 est un terrier des johannites de Mulhouse. Le n° 567, de ceux de Sélestadt. Le n° 569, du Temple de Bergheim.
4. Le n° 666 est un recueil de quelques chartes concernant Isenheim.
5. Le n° 576 est un registre des rentes de Sylo à Rodern, de 1594.
6. Le n° 345 est une liasse de pièces concernant cette maison.

BESANÇON. — IMP. ET STÉRÉOT. DE PAUL JACQUIN.

www.ingramcontent.com/pod-product-compliance
Lightning Source LLC
LaVergne TN
LVHW051510090426
835512LV00010B/2454